许进雄 著

有故事

甲骨文

U0299314

了解甲骨文
不能不学的13堂必修课

·北京·

化学工业出版社

原繁体版书名：《文字學家的甲骨學研究室》，作者：許進雄

ISBN：978-957-05-3249-4

本书中文简体字版权通过北京时代墨客文化传媒有限公司代理，由台湾商务印书馆
股份有限公司授予悦读名品文化传媒（北京）有限公司，由化学工业出版社有限
公司出版发行。

北京市版权局著作权合同登记号：01-2020-5153

图书在版编目(CIP)数据

甲骨文有故事：了解甲骨文不能不学的13堂必修课 / 许进雄著.
— 北京：化学工业出版社，2020.10（2024.5重印）
ISBN 978-7-122-37613-8

Ⅰ.①甲… Ⅱ.①许… Ⅲ.①甲骨文–研究 Ⅳ.①K877.14

中国版本图书馆CIP数据核字（2020）第159536号

责任编辑：郑叶琳 张焕强　　　书籍设计：尹琳琳
责任校对：李　爽

出版发行：化学工业出版社
　　　　　（北京市东城区青年湖南街13号 邮政编码100011）
印　　装：盛大（天津）印刷有限公司
710mm×1000mm　1/16　印张12$\frac{1}{2}$　字数227千字
2024年5月北京第1版第2次印刷

购书咨询：010-64518888
售后服务：010-64518899
网　　址：http://www.cip.com.cn
凡购买本书，如有缺损质量问题，本社销售中心负责调换。

定　　价：88.00元　　　　　　　　　　版权所有　违者必究

推荐序

　　与许进雄、章景明、黄启方论交已六十年，直到现在我还是酒党党魁，他们依次为第一、第二、第三副党魁，杯酒言欢不嫌多，兄弟之情弥笃。他们三位在台大中文系低我一班，有金兰之契。进雄硕士班毕业。奉屈师翼鹏（万里）之命，于一九六八年携家带眷到加拿大多伦多皇家安大略博物馆整理馆藏甲骨，后来任职为远东部主任，于一九七二年在加拿大多伦多大学攻读博士学位，毕业后也被聘任多大，历经助理教授至教授。当进雄在海外苦读，学富五车而蜚声国际，而被列为殷墟甲骨学名家时，我在他们三兄弟中取他的地位而代之而为"台大中文系三剑客"之首，以"尚人不尚黑""人间愉快"为宗旨，创立酒党，被拥戴为"党魁"，迄今盖四十有数年。进雄起先只被遥封"南北美总代表"，无法与于"党中央"。

　　一九七八年我在哈佛大学，进雄不只来看我，还高规格地安排我到多大讲演，更在大雪纷飞的元月天，勇敢地开车带媛和我去面临除了瀑布外都被冻住的尼亚加拉瀑布。从此之后，我在密歇根、斯坦福大学或率领布袋戏团、歌仔戏团到美加作艺术文化之交流，都会去进雄家叨扰，记忆中起码有六七次。

　　有一次我看到进雄打电动游戏，用力之沉、专注之深，以及成就之高，都不下于做学问。我以"不务正业"责之，他说："学问之事，五十岁即已完成。"但为此我耿耿于怀。进雄一部《中国古代社会：文字与人类学的透视》，其扎实缜密、慧眼创发，已教我再三折服；何况其甲骨文字学之举世推崇！其学术之康庄人道正而广远，焉可忽然驻足？于是在一九九六年，我挂电话给他，说："已替你申请回系客座一年，你应该回馈中文系！"他说了一声"好"，过几天就回来了。翌年他又在中文系全体教授的欢迎之下，改聘为专任教授，直到退休，又转任世新大学客座教授五年。也因此我们弟兄又能謦欬相闻，进雄在酒党地位虽然依序晋为第一副党魁，但酒量只长进些微，实在"名不副其实"；较诸第三副党魁黄启方实不可以道里计。他在中文所虽培养一些出类拔萃的人才，在报纸上也写颇受欢迎的专栏，但在我心目中，他仍不免有"学术归隐"的行迹。

直到这两三年，他总算碰到了真正的贵人，在字宙文化总编辑冯季眉和台湾"商务印书馆"前任总编辑李进文的恳求和诱导下，他体悟到"学术通俗化，反哺社会"的重要。认为学术在象牙塔里争短长、论真理，固然重要，可是将艰辛所获得的果实，深入浅出地散播为许多人都能接受了然的英华，是否也同样极有意义呢？因为如此可以为许多人打下丰厚坚实的基础，无形中提升国民的文化品质。在此情况之下，进雄不发愤则已，发愤就出版了十几本书：字宙文化为他出的《字字有来头》有七册（将有第八册），台湾"商务印书馆"为他出了《博物馆里的文字学家》和《汉字与文物的故事》四册；而书一出版，即成畅销书，稿费版税滚滚而来，进雄为之大宴小酌了弟兄友朋，为之大快朵颐。共享欢乐、共沐荣光。

而今进雄又将他新近就要出版的《文字学家的甲骨学研究室》要我写序，说他已告诉自己不再写书了。原来他这本"了解甲骨文不能不学的13堂必修课",又是在李进文前总编辑的"视频脚本"精心规划下,由五讲而六讲七讲……那样步步为营、时时"诱导",有如宋江之于卢俊义那样,使他不知不觉、心甘情愿地登上梁山的忠义堂,共同"替天行道";所不同的是他被"扶腋"而上的是名著两岸的商务学术大殿,弘扬的是他六十年来的甲骨文字学功底。

由于进雄做学问是融会贯通、自成体系而新说连连的,所以当他要"反哺"社会广大群众之际,他便能循序渐进,如数家珍地将其精华呈现出来。我们都知道,甲骨文字作为一门学问,迄今不过百二十年,而甲骨资料之零碎残缺,其文法之精简古奥难解,较诸其他学问,实莫此为甚,初学往往不得其门而入。而可喜的竟有许进雄这样不世出的"通儒",终于写出这样一册可以循循然引人入胜,从而使人进入法门的"经典",我想这不只是甲骨界的胜事,更是学术界的大事。

我于文字学所知浅薄,于甲骨学更是门外汉;而以弟兄之情受命作序,有幸抢先阅读本书。本书只七万余言,但可以令人直觉看出:作者治学的手法和基础,是多么的朴实深厚。他融会贯通甲骨、金文、篆书、经史、文献诸般材料,运用古器物学、考证学、考古学、民俗学诸般学养,如韩信治兵一般,进退自如,指挥若定;将甲骨学这样天书般的学问,从甲骨文的发现,说到文字久远的历史,巫师使甲骨"裂纹"的魔法,而及于巫师的巫职、史官的造字和如何理解甲骨卜辞的方法;进而转入叙说甲骨文字中所呈现出来、与我们最为贴近的生活和礼俗,诸如:"戏台"与"司令台"居然有密切的关联,丧葬习俗可以理出长远演进的源流,未被其他文献记载的炼金术和造船术可以从中看出其先进技艺,舞蹈巫觋多用来祈雨,武舞为王者用来歌颂先王的丰功伟业。即此进雄也用来纠正古人对于"戏下"解释的错失和孔子对于所谓"三年之丧"想当然耳的误解。而其第12堂课则用较学术笔法、较多的篇幅来介绍甲骨断代研究的进展和自己的独门看法。这是进雄之所以被学界刮目相看的看家本领，不仅因此推翻了董作宾的理论，而且修正了司马迁《史记》所记载的殷商"先王先公序列"。最后他总结全书旨趣，强调古文字学术研究的两大目的，在认知文字的创意为何和文字使用的意义为何；并举例说明对文字意义的理解，尤其指出《说文解字》错认形声字，导致韵部通转的谬误，以及其对文字创意经常不正确的解说。

我读了本书，真是沾溉之余，如沐春风，获益良多。

今年四家弟兄四条"真龙"，党魁曰："龙年播种乃属真龙，若龙年出生，多系兔崽子。"我们皆将初度八十之岁。进雄写完此书，一再宣称"从此封笔"，而我的《戏曲演进史》在五年"行远写作计划"下，尚未完篇，希望天假我年，完成它，并奢求尚有余暇，弟兄们逍遥岁月，悠游一番！

曾永义　序于森观寓所

二〇二〇年元月三日晨七时半

后　记：

近日进雄来电，嘱我作序；我告知元月十八日将入住台大医院做肾脏穿刺检查，恐怕一时没心情。没想昨夜子时梦回，即披衣坐案头，两起两卧而完成此篇。

自序

　　这两三年我出版了十几本的书，一来是自己的身体有些状况，二来是已经没有什么压箱底的了，所以告诉自己不要再写书了。没想到一个机缘，又答应写《文字学家的甲骨学研究室》。台湾"商务印书馆"的前任总编辑李进文先生，找我写五篇十五分钟的视频脚本；我估计两三千字就可以做出十五分钟的视频，五篇也不过一万多字，就答应了。没想到写了两三篇，计划变更，要我延伸为七万字的一本书。既然已经答应了，只得硬着头皮写下去。但是我已经没有新花招了，只好学厨师，把同样的材料煮出新菜色来。

　　心中盘算，如何写这本书，先找出十三个题目分章论述。文章的对象因为是一般读者，而不是甲骨学的研究者，所以第1堂课应该先谈甲骨文的发现。这是很多人都能写的题目，但却是非常重要的基础。依序介绍甲骨发现的时间、甲骨文的性质、书写的工具，顺便介绍相关的甲骨文字创意，解释商代一般的书写是用毛笔写在竹简上，以及为何会形成自上而下、由右往左的书写行列的习惯。第2堂课，中国文字有多少年的历史，这是常常被提及的问题，从"郭"字与"酒"字的创意所反映出来的，至少是四千多年前的景观，表明甲骨文确有超过千年的进化。再介绍四千年前大汶口文化中大口陶缸上的刻画，是目前所知文字最早的遗存，并以纳西族的经书来佐证甲骨文是有至少近千年的历史文字系统了。

第3堂课来谈我与一位博士后在加拿大所做的实验——解开甲骨占卜的千年秘密。甲骨占卜是以裂纹来回答人们的疑问，但是不知道秘密的人，怎样也不能把甲骨烧裂，只有巫师才能显现他们的魔力。我会在文中说明如何以科学的观点来探讨这个问题。这个世界只有两个人参与这项探索，所以要写出来，算是新食材的新料理，只有本书的读者才能享用！第4堂课，如何理解甲骨卜辞，这算是我个人研究甲骨近六十年的心得，介绍给关心或好奇的读者。甲骨文的句子和一般的文书不一样，有些是发生了某事，请求对策；有些是还未发生，想做某事，请甲骨给予意见。如果不了解其特殊的格式，就可能产生很大的误会。

第5堂课，占卜是巫师的工作，所以要介绍一下巫职。本章主要介绍巫自远古以来，以占卜替人解决疑虑。求雨也是巫的主要职责，以火焚烧巫师来求雨，巫可能丧命，因此死后接受祭祀。看病也是巫的职责，商代也使用药物治病。此外，巫师还会利用能在黑暗里发光的磷矿制作道具，眩惑信众。第6堂课，创造文字的史官。书中会举两个例子说明中国文字的创造有一定的原则与一致性，其恐怕是某个集团的传承，因为最需要复杂的文字体系的是负责做记录的史官。从而谈到中国很早就进入农业社会，管理田籍与赋税需要有书写能力的人，所以形成文官体制的社会。

第7堂课，演戏与军事有什么关系。中国自古以来戏剧是在高台上演出，军队的指挥官也在高台上发号施令，所以"司令台"也称为"戏台"。从"戏"字可推知古代已在高台上演出戏剧，但其何以与军事有关？本课将详细说明。第8堂课，商代可能行三年守丧之礼。这是一道新食材与新料理。儒家提倡三年之丧，但很有可能不是为了报答父母亲在小孩出生后怀抱、背负三年的养育恩情，而是因为古代等待尸体化成白骨大约需要三年，捡骨之后才算真正的死亡。从甲骨卜辞表现的几种现象，推测商代至少在贵族间已有守丧的习惯。

第9堂课，捡骨风俗的源流。接续前章，从某些甲骨文字，推论丧俗演变的过程。打死老人以求解除经济的负担，但因不忍心的缘故，变成送老人上山等其死去，再捡骨回来埋葬，进化到用有高床的棺木埋葬，以及点主和盖水被习俗的背后原因。第10堂课，介绍甲骨文反映的先进产业。从文字创意中可以了解未见于记载的炼金术和造船业的先进技术，以及青铜器要在深坑中铸造的科学原因，和"朕"字所反映出的使用木板联结的技术。

第11堂课，商代的歌舞表演。商代祭神的乐奏有很多不同的名称，反映了乐曲创作的丰富。奏的形式还包含使用道具，可能乐奏外还要有舞的动作。舞也有多种名目，主要是求雨的仪式。武舞是扮演祖先军事与经营政治上的成就，是王者才能施行的礼仪。

第12堂课，甲骨文如何断代。我个人在一些演讲的场合经常遇到读者提问：何以能肯定某片甲骨是属于某王时代的卜辞，但诸如西周青铜器的铭文就不能肯定是某王的时代？所以本书最后将以较多的篇幅介绍甲骨文断代研究的进展，发生了哪些争论，我如何发现钻凿的形态可以作为断代的标准并解决纷争，以及如何被证实。接着五期各举两例，除断代的标准以外，还解释甲骨的不同格式以及刻辞的内容。这章看似也是人人都能写作，但其具体表现了我研究甲骨近六十年的体验，希望也有可供学者参考的地方。

第13堂课，古文字学的重要。研究古文字最重要的两件事，一是文字的创意为何？二是文字使用的意义为何？大致分三节来谈论文字创意的重要性。一、意义的理解：举几个例子说明从甲骨文字形的分析，我们可以得知有些字的本义一向是被误解的。二、错认形声字导致声韵通转的谬误：《说文解字》是学者拟订先秦古音的主要依据，但是通过字形的分析，往往把表意的字误会为形声字，而且是声类不协的，举出十几例有可能被学者引以为声韵通转的依据。甚至以此说某音是某音的旁转，导致轻易假设某字可以旁转当作某个字讲。三、《说文解字》古文字形的利用：举实例说明《说文解字》虽然对于文字的创意经常有不正确的解说，但也保存了一些古文字形，可作为了解表意字演变成形声字之间的桥梁。

　　这本书应该是我撰写的最后一本书，不知道能否对非专业的读者增加一点有关商代甲骨文的认识有所帮助，期待往后陆续出现通俗著作，让甲骨学的推广能更普及。最后感谢老哥曾永义教授为本书作序。

许进雄

二〇一九年九月二十七日于新北市新店区

目录

甲骨文的发现

甲骨文和我们的文化关系密切，

我们现在使用的文字，

就是从甲骨文一路慢慢演变而来的。

甲骨的发现

一般大众听到"甲骨文"这个词的时候，常见的直觉反应是，那是很久远以前的东西，非常深奥难懂，和我们的生活没有什么关系。其实这是错误的观念，甲骨文和我们的文化关系密切，现在使用的文字，就是从甲骨文一路慢慢演变而来的。

清光绪二十五年（公元1899年），在古董商向清朝官员王懿荣兜售文物时，他发现骨版上有文字。因为王懿荣除了喜欢收藏文物外，也是研究金石学的学者，所以**意识到那些可能是古代的文字**，非常有价值，就以高价收购。从此，挖掘甲骨来卖钱就成为很多村民的工作。甲骨原先是不轻易让人看的宝物，王懿荣殉国后，刘鹗购得这批甲骨，加以墨拓，并在1903年以《铁云藏龟》的名称出版，尔后甲骨上的文字就成为众所周知的商代文字了。

在甲骨文公之于世之后，陆陆续续有很多人介绍、谈论与出版甲骨的相关论著。一开始并没有统一的称呼，所以出现了各式各样的名称，例如契文、殷契、书契、贞卜文字、贞卜文、卜辞、殷墟文字、龟版文、骨刻文、龟甲兽骨文字等，后来就统一使用"甲骨"和"甲骨文"来称呼这种文物与文字。

甲骨的性质

晚商时期（约公元前14世纪至前11世纪），当商王对于国家大事或自己家族的家务事有所疑虑、难以决定如何行动的时候，就会以占卜的

牛肩胛骨上的甲骨文
（左图）与其拓片（右
图），最长 25.8 厘
米，商代，公元前 14
世纪至前 11 世纪，
现藏于加拿大皇家安
大略博物馆

龟腹甲上的甲骨文
（左图）与其拓片（右
图），最长 16.2 厘
米，商代，公元前 14
世纪至前 13 世纪，
现藏于加拿大皇家安
大略博物馆

形式，请求鬼神给予正确行事的指示，并且把占卜的内容及相关记事契刻在所使用的龟甲或牛肩胛骨上，作为事后验证的纪录文字。这些契刻在甲骨上的文字就是我们一般所知道的甲骨文。使用甲骨来占卜，不但材料珍贵、制作费工，而且是只有少数人（巫师）才能够操作的事情。一般人没有能力或是需要在甲骨上刻写卜问内容的文字，所以甲骨几乎是王室，亦即是都城才会见到的东西。

在目前大量出土的古文字中，甲骨上的商代文字一般被认为是发展比较成熟的文字系统，是汉字发展的关键形态，但其字形仍看得出当初文字创造时的原貌，所以是探讨中国文字创意最好的材料。再加上，甲骨文多为与商王治理国家政务相关的记事，也是探讨商代历史最直接可信的材料，所以是非常重要且珍贵的史料。

商代的书写工具

因为甲骨文是使用刀在骨头上契刻出来的文字，有些人便以为那是商代人做记录的常态。甚至大错特错，认为在竹简上也是使用刀子来契刻。我们有确定的证据可以肯定，至少在晚商的时候，一般人已经是使用毛笔在竹简上书写文字了。

甲骨文的"书"字： ，作一只手握着一支有毛的笔管上端，在一个装墨汁的容器之上的样子，点明这是使用毛笔书写文字的动作，毛笔在蘸了墨汁以后就可以书写，所以也有"书写"的意思。**金文的"书"，** 其字形为： ，变成了"从聿，者声"的形声字。后来觉得字形太过繁杂，简化成现在的书字，又恢复甲骨文的形象了。书的原先意义是书写，后来才延伸到书写下来的"书册"。

又如**甲骨文的"画"字**：🖌，作一只手拿着一支笔的上端，画了一个交叉的花纹的样子，所以有"画图、策画"的意义。**金文的"画"字**：🖌，把所画的图案变复杂了，小篆之后又更进一步变化，**《说文解字》**则作畫、畵、劃等字形。

从早期的文字是以使用毛笔为工具来表达书写和绘画等相关的意义，就可以了解商代已经普遍使用毛笔来书写和作画了。

其次，**甲骨文的"册"字**：丗，字形呈现了使用绳索去编缀多根长短不齐的竹简成一篇简册的样子。竹简可以卷起来成为一卷，容易把握在手里，所以"卷"成为书册数量的品词。**甲骨文的"典"字**：丗，作两只手捧着一卷已经使用绳子编缀成册的典籍的样子。典字的意义是指称重要的典籍，不是一般的文章。典籍的篇幅比较长，竹简的数量也比较多，所以重量比较重，不便单手拿，要使用双手才有足够的力气捧着阅读。后来"典"字形中双手的部分被改换写成"丌"（jī，底座，用以托物的器具），可能是因为典籍太重，所以被放在矮丌上阅读。

竹简的质料坚硬，而且纹理笔直，很难使用刀快速地契刻文字。如果是创作艺术作品，当然就可以慢慢地雕刻，但文字书写就有不能太费时的必要。既然代表书写与绘画意义的文字都使用毛笔来表达，书册又以竹简作为载体，所以就有充分的理由可以肯定，创造这些字的时代应该是以毛笔和竹简来做记录。

甲骨文会把身体横宽的动物（本来是四脚着地的）形象九十度转向，使尾巴着地、头朝上，成为窄长的字形结构，这完全是因应竹简的宽度有限所做的应变。譬如甲骨文"马"字的形象作👤👤👤👤。"豕"（猪）字作：👤👤👤👤。"犬"（狗）字作：👤👤👤👤。"象"字为：👤👤👤。

从字形上看，不必多做解释，就可以理解都是因为躯体太过宽长，才使用偏离动物常态，转变方向做高窄的字形。

另外，从某些字的排列，也可推测是为了配合窄长的竹简。**甲骨文有个地名"襄"**：\ufffc\ufffc\ufffc\ufffc\ufffc\ufffc，对照《**说文解字**》"**襄**"字的**古文字形**：\ufffc，意义是"解衣而耕"，这字形是表现双手扶着耕犁，前有动物（从金文的字形：\ufffc，可以知道曳拉的动物是牛）曳拉着，并激起灰尘的样子。正确的位置应该把牛放在耕犁的前面：\ufffc，但为了适应竹简的宽度，只好把牛移到耕犁的下方：\ufffc。再如有四面看塔的"郭"字：\ufffc，后来省略东与西方向的看塔：\ufffc，也是为了配合狭窄的竹简。

基于以上几点理由我们可以肯定，商代日常，不管是贵族还是平民，都是使用毛笔在竹简上书写文字。在竹简上书写文字还有一些好处，例如可以随时增加文章的长度，如果使用宽大的木牍，想增加文章的长度可就要大伤脑筋了。同时，写错字时，可以用刀子削去字迹再写，所以**甲骨文的"删"字**：\ufffc，作册与刀的结合，表达"删改、删除"的意义，而在纸张普及以前，文士们一般也会随身携带毛笔、竹简与削刀。

从右到左的书写行列

在狭窄的竹简表面上书写，作由上而下的纵列书写，远较横式左右的书写要方便得多。因为横着书写，竹片背面的弯曲会妨害手势的运转和稳定。另外，一般人以右手书写，由上而

畫（画）

字 体 演 变

襄

下书写也易于左手拿着直竖的竹片，写完后以左手由右而左一一排列，所以由上而下、由右而左的排列，就成为中国特有的书写习惯。最后，大家可能还会有一个问题，既然说商代普遍以毛笔在竹简上书写文字做记录，那为什么迄今没有商代竹简的出土呢？这全然是因为竹简会腐烂，除非是在特殊的环境，否则在地下也保存不久。商代不见竹简出土，道理就是这么简单。

中国文字有多少年的历史

甲骨文是商代后期，

距今约 3400 年至 3100 多年前所使用的文字，

其序列和文法，必定有长远的成长过程。

甲骨文是商代后期，距今约3400年至3100多年前所使用的文字，这是不可否认的事实。甲骨文字的序列和文法，已经是表现十分成熟的阶段，它必定有个长远的成长过程，那么，最有可能的起点是在什么时候呢？相信这是很多人好奇的问题。

遗址的证据
——以"城墙"为例

商代通行的文字是使用毛笔在竹简上书写而成，根据上一章的讨论，这应该是不需争论的事实，但毛笔和竹简都是容易腐烂的物质，因此无法长时间保存在地下成为证据，所以也很难得到中国文字到底有多少年历史的确切答案。不过，我们还是可以从文字创意的观点，来探讨起源的问题。商代的甲骨卜辞是用刀刻在龟甲或牛肩胛骨上，由于刻刀不便刻画曲线，所以圆形的形象经常被刻画成方形或多角形。如果一个字有圆形与方形两种写法，则作圆形的出现时间应是较早、较为原始且更接近写实的写法。**甲骨文的"郭"字：**其较早的字形，作一座四个方向建有城楼、中间为城周的样子。城周作圆形状，但因卜骨上的文字是用刀契刻的，实在难以刻成曲线的模样，所以后来的城周大都刻成方形，也省略了左右两个方向的城楼：。此字后来分化为两个字，其中"郭"的字义偏重于城的范围，另一个"墉"字则偏重于城的墙壁。

若要论及城周的形状，目前发现最早的城墙建筑是河南郑州北郊的西山遗址，兴建于仰韶庙底沟类型的时代，尔后废弃于秦王寨类型的时代，年代距今约5300年至4800年间，城的周围略呈圆形，与甲骨文早期的字形所描写的形象一致。但另外也有较为大量的早期城墙是建于龙山文化的晚期，距今约4200年前，诸如山东章丘城子崖、河南登封王城岗、淮阳平粮台等，这些城的周围都作方形。

以建筑的发展进程来说，圆形的建筑一般要早于矩形的建筑，例如中国居所的演变，圆形的穴居要早于矩形的地面建筑，经常移动的游牧民族，也喜欢采取建构较为省力的圆形形式；而定居的农耕民族则多采用矩形的形式。先前讨论刀刻的甲骨文不方便刻画圆形，大都会把圆形的东西刻成矩形，而甲骨文的"郭"字曾用圆的形状来表示，可以推论创造文字者当时所见的城周是圆形的。虽然商代已不见圆形轮廓的城周，但字形却保留了古代所见的正确形象，所以"郭"字创造的时代，应该是城周普遍作为方形样貌的时代之前，即其年代可能早于5000年前仰韶庙底沟类型的时代，至迟也不会晚于修建矩形城墙的龙山文化晚期。龙山文化晚期约是公元前2000年，所以有些商代的文字是承继公元前2000年以前已有的文字，应当为可信的论调。

器物的证据
——以"酒"字为例

古人使用的器物，也可以拿来作为研究中国文字起源年代的资料。例如**甲骨文的"酒"字**：**茚酚**，明显表现出装酒的容器以及溅出的酒滴此一创意。"酒"字描绘出的装酒容器，底部是尖形的，但是商、周遗址出土的文物，装酒的大型容器都是平底的形貌。为什么文字表现的情况和实际的形状有所不同呢？答案可能是甲骨文承继古代的字形，而那个时代的字形忠实描写出装酒的器物形状为尖底样貌。

小口尖底双系梳纹彩绘红陶瓶，高 46.2 厘米，半坡文化，
距今 6000 多年

早至6000年前的仰韶文化中就常见四五十厘米高，窄口长身的尖底瓶，其和甲骨文"酒"字的形象，差别只在尖底瓶的中腹部分，实物常会有两个半圆形的纽以便系绳搬运，但比较晚的庙底沟类型陶器就没有这两个半圆形的纽。这是因为在较为早期的年代，水要从远地的河流搬运回家，所以水瓶腹部附加两个纽以便系绳背负，后来有了牛、马等家畜帮忙运送，渐渐也就不必再用纽系绳。商代有了牛车，不需要人来背负陶罐运送水、酒，所以也见不到这种样子的陶器。辽、金时代，则制有超过半米高装运酒的窄长陶罐，方便以马负载。往后的人们甚至在住家附近凿井，就不用从远地运水，当然也不再需要这种造型的运水容器了。

由于一般认为中国在龙山时代才开始酿酒，所以仰韶的窄口尖底瓶被说是盛水器。依据国外的考古发现，从古代欧洲运到北非的葡萄酒，其盛装的容器竟然和仰韶文化西王村类型的尖底陶器十分相似，轮廓和"酒"字所表现的酒瓶一模一样——设计成窄口是为了防止液体外泄，细长的器身是便于人们或家畜背负，尖底则是方便手的持拿以及倒入其他容器。此设计十分便利，尖底有时也拿来做成长柄的形状，例如**甲骨文的"稻"字**：𥝩，装米的罐子底下常有长柄状凸出。因为稻米是华南的产品，若欲将整株运输到华北会增加费用，所以只取其颗粒装在罐子中，推论也是以牲畜载运，一如欧洲的葡萄酒运送方式，因此采用瘦高的罐子形式，就可充分利用牛背周围的空间；长柄的制作也是为了方便用手握拿，倾倒分装入其他容器。我们可以猜测这种尖底的陶器，在庙底沟类型以后的文化遗址中很少见甚至见不到，极大可能是与水井的开凿有关，但商代的"酒"字及"稻"字，描绘的却是庙底沟文化类型以前的造型，这和"郭"字保留了古代（早于龙山文化晚期）城郭的圆形轮廓一样，"酒"字及"稻"字应该也是创始于4200年前的事物。

文字的雏形

在山东莒县陵阳河的大汶口文化发现的晚期遗址中，出土的陶器使用碳−14测定其年代约是公元前2500年到前2000年，上面刻画的符号见右页图：其中一些形貌我们可以辨识，如有柄的石斧、石锛等都单独地刻画在大口缸的外壁靠近口沿、非常显眼的位置，显然是特地展示。其中一个在陶器上的图形更见于相距70公里的遗址，它们很有可能就是物主的名字，这些符号（陶文）也与甲骨文、金文的字形有一脉相承的关系，即都具有图绘物体具体形象的性质，而且也已采用线条来描绘物体轮廓。在一些商代晚期、西周初期的铜器上，往往铸有比甲骨文字形看起来更为原始、更为**接近图像的族徽文字，如"象"作：**🐘。学者们一般相信，这些作为族徽的图形保存了比日常使用的文字更为古老的字形传统，这种非常接近图像的特性正是大汶口晚期陶文的特色。

大汶口的陶文刻画，其中一个字形具有重要意义，见下页图。从造字法的观点来看，它由两个或三个图像组合而成，显然已不是原始的象形字，应该是文字演变的第二个阶段——表达抽象意义的象意字。太阳与云彩已高升到山顶的位置，以早晨景象来表达"早上"的意义；它甚至可能已到了最进步的第三期——标出音读的形声字（从山旦声）。大汶

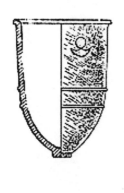

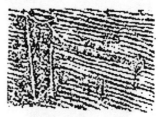
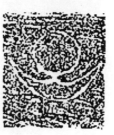

山东莒县陵阳河的大汶口文化晚期陶器上的刻画符号

口的陶文虽然是单独出现，而难以构成完整的句子，但处于当时较为落后的社会，人们可能是使用图形所呈现的关键字去记载事件的核心内容，勉强算是具有文字的雏形。这件陶器的年代已超过4000年，那个时代应该也是有文字了。

　　商朝的文字到底有多成熟，发展了多久，由于没有证据，目前还难以推测。但我们以云南少数民族的么些（纳西）经文为例来思考文字的发展历程，就可以判断商代文字、甲骨文真的是非常成熟的文字系统了。么些（纳西）经文创于13世纪，得力于汉字的启发，但是到了19世纪时，他们的经典不免还是会用关键字去提示主要的内容，没有固定的文法形式和语言的序列，主要以口相传，如果没有经师的传授，根本就不

刻"旦"字纹大口尖底陶尊，高59.5厘米，口径30厘米，山东莒县，大汶口文化，约公元前2900年至前2300年，中国国家博物馆藏

可能了解图画的内容。譬如其于《古事记》中有一栏：这个图的开头画有一个人双手拿着一颗蛋。接着画有一颗蛋，蛋的两旁有风，左边的风有形容词"白"，右边的风有形容词"黑"，蛋的下面是一个湖的图形。最后是一座山，山的左边有颗蛋散发着光芒。根据纳西族经师的解释，才知道与这幅图像对应的经文是："把这蛋抛在湖里头，左边吹白风，右边吹黑风，风荡漾着湖水，湖水荡漾着蛋，蛋撞在山崖上，便生出一个光华灿烂的东西来。"引文中黑体字是图绘上的表现，只作为提示之用，具体的经文就要靠巫师的朗诵了。从这一点来看，公元前14世纪的甲骨文，已经有了固定、完整的文字和文法的序列，说它有超过千年的发展历史其实是很合理的估计。

纳西经文《古事记》之一栏

解开甲骨占卜的千年秘密

一般人可能不知道，占卜用的骨头要经过特别的处理，

才能被火烧裂，只有经巫师加持后才能做到，

其中奥秘更显现巫师的魔力。

占卜的行为

　　不管是古人还是现代人，生活中不免有感到疑惑的时候，需要借助别人或依赖某种情势来帮助自己做决定。简单的方法是随意抓取一把草，判别是单数或双数，作为答案的是与非，或该不该做的依据，这就是所谓"冷占"的一种。但是这种答案的取得方式过于容易，所以人们对于这种占卜的信赖度较低，因此为了取信于人，从事占卜的人便故意使答案的取得复杂化，增加人们对他们占卜灵验性的信心，所以中国的"蓍（shī）占"（用蓍草占卜，并参考《周易》来推断吉凶）就故弄玄虚，通过复杂的手续得到一个数目，再根据多次出现的数目做是非的判断。另外还有所谓的"热占"，常见的做法是烧灼骨头使其显露出兆纹，再根据兆纹的形象做是非的判断。

　　商代的甲骨占卜，明显是属于"热占"的方式，但若是以为只要用火来烧烤骨头就会烧出纹路来，其实是非常错误、没有经过实验的想法。先来介绍与占卜有关的两个甲骨字。**甲骨文的"卜"字**：ㄔ ㄚ ㄔ ㄚ，作烧灼甲骨后烧灼处所呈现分裂的兆纹形状。因为这是一种占卜的行为，所以占卜或卜问的意义是很明显的。

　　至于甲骨文的"占"字：，作一块肩胛骨上有一个卜形的兆纹，还有一个口的符号。口是说话的器官，外围线条代表骨头，以兆纹的形貌说出问题的答案来，所以这个字的意义是卜事的判断也很容易了解。后来把骨头的形象省略：，就成为现在的"占"字形了。

商代的甲骨，有时会在骨头表面显现出的兆纹旁边，标上吉、大吉、弘吉等字样。学者统计过这些兆纹的走向——向上或向下，与标示吉与不吉的术语，并没有一定的对应关联。由此判断，兆纹的形象和好或坏的意义，·如文献所记载，乃是依据事前与骨头的约定，换句话说，在烧灼之前要先与骨头的神灵约定，什么样的纹路走向代表了什么意义；可如此一来，又存在着兆纹能不能被施行烧灼的人所控制的问题，亦即仰赖占卜结果的商王，其决策能不能被操纵的问题。以下将详细讨论。

甲骨文被发现后，很快就推知它其实是占卜的产物，学者也开始结合氏族社会的习惯与文献的记载，来探讨商代的占卜行为。文献中谈到龟如何杀取、如何制作、如何烧灼等仪式，但都没有论及骨头为什么会烧裂，如何才能使骨头烧裂的问题。

骨头能够占卜的秘密

事实上，一般人可能不了解骨头的性质，它要经过特别的处理，才能被火烧裂。当时只有巫师有这个能力，经他们加持过后，骨头就能用火烧裂，因而可以显现其魔力；但这个秘密是不能写下来让大家看见的，就只能用口述的方式传给下一代。可能也因为这样，如何处理骨头才能拿来做占卜，就未见于文献的记载。

日本有个传统（或者说有个记载），要将龟甲曝晒于阳光底下，三十天后才能拿来占卜。但如果是这样人人能仿效的方式，就不会成为巫师的秘密与魔力了。台湾地区有人实验了一年也不能烧出像商代甲骨一样的纹路来，是因为不了解骨头的秘密。以下，让我公布出来。

多伦多大学材料科学研究所的一位博士后研究员和我合作，做了一个实验。测试如何以古代的条件，并在让别人看不出骨头被动过手脚的情况下，将其烧出纹路。首先要了解骨头的性质，骨头为何会被烧出裂纹？原因何在？然后我们再找出答案。从科学的角度来看，骨头受热后遇冷会收缩产生拉力，如果产生的拉力不平均，骨头就会裂开成纹，否则只是烧焦、烧坏、烧穿，也无法显现出纹路。

骨头里含有的骨胶原（collagen），是一种会导热的物质。如果用火烧并把热量集中于某一点，热量不会停留在那一点，而是借骨胶原传导开来，也因为不会在某一点上产生不同的拉力现象，所以并不会产生裂纹，也就没有占卜的效果。因此，占卜前，第一要务是必须使骨头失去所含的骨胶原，但又让人看不出异状。日本的做法是在太阳光下曝晒三十天，虽然可以使骨胶原蒸发，但人人看得到你的行为，魔术的效果就穿帮了。所以在古代，必须先在隐蔽处把骨胶原除去，巫师的魔力才能顺利显现。意外的是，方法其实很简单，在自己的房中，把骨头长时间浸泡在水中（至少半天），骨胶原就会慢慢释出，溶解在水中，这时再把水倒掉，就没有骨胶原了，骨头外表也看不出异状，所以，若是这样处理骨头，其实人人都可以占卜。我们实际做过实验，一分钟就可以烧出兆纹来。

透露一件趣事，去年我再次回到加拿大皇家安大略博物馆找前同事叙旧。同事告诉我，他与中国大陆地区的团队合作，要采取骨头里的DNA以检验其属何品种，但是都提取不出来，没有DNA样本自然也就无法检验。他怀疑是博物馆收藏物品的地方太热，DNA都挥发掉了。我笑着回答，在商代若是作为占卜的材料，骨胶原早已被去掉，没有骨胶原当然就没有DNA；如果试试别种文物，如打猎的纪念品——老虎骨，或所谓的骨枢（骨头雕刻的展示品），说不定就可以取得DNA。恰巧，安大略博物馆有收藏由帝辛（商纣王）所捕获的老虎骨头做成的艺术品，其被鉴定为成年老虎的前膊骨（见第68页图）。不过，没有特别求证是安阳地区，还是别地的老虎。

制作的不易

其实，使用骨头占卜并不是一件简单的事。首先是材料十分珍贵，虽然骨头是吃完了肉以后的废物利用，但在有史（商周）时期，只有在庆典祭祀时才屠宰大型的家畜，而牛又不是一般人所能轻易宰杀的，只有贵族可以，而且一只牛也只有二块肩胛骨，数量稀少；至于龟甲，还不能肯定有多少是取自当地，但大龟一定是来自海南地区的贡品，当然也不容易获得。

另外，骨头还需要经过许多修整的手续，包括锯、磋、挖、刻等，有人实验过，以商代使用青铜工具的效率而言，一天差不多只能完成一版，而且还要经过长时间的浸泡、阴干，所以骨卜的热占并不是一般人所能轻易施行的，这不但增加其神秘性、灵验性，更建立了巫者的权威性。再谈兆纹的走向有没有可能是作弊而来。上文讲述了在使用火烧灼前，首先要与骨的神灵做口头约定，说好以什么样形状的兆纹表示什么意思，譬如说约定兆（占卜吉凶时烧灼龟甲、兽骨所成的裂纹）的横纹向上走表示肯定，向下走表示否定。因此，若能控制兆纹裂开时的方向，也就可以达到控制问卜人（此处指商王）行动这个目的了。由此可知，问卜的人也可以通过同样的方法，使神灵同意自己的意愿，当作推行自己政策的正当性，达到以神权控制或支持政治的目的，而这种技巧很可能已在商代发生了。

　　早期的占卜是直接用火在骨上烧灼，后来为了使骨上的兆纹容易显现，就先挖个长形的凿或再加上圆形的钻（使甲骨变薄，易于加热见兆）。商代第一期，武丁的时代，有许多是在长形的凿洞旁边挖个半圆形的圆凿（或称钻），使甲骨被烧灼后，表面容易破裂成特定要求的卜字形纹路。但是这种措施使得火在圆凿的上部烧灼时，横的兆纹易于顺势朝上；在下部烧灼时，兆纹就容易顺势朝下。换句话说，兆纹的角度在烧灼时可能是可以控制的，亦即巫祝等神职人员可以通过这个关键因素牵制商王的意愿。我做过研究，这种一长一圆的凿形，除了龟甲骨质的结构异于兽骨，有类似海绵的组织，表皮以下有许多孔洞，使火的走向难以控制，等同于不好控制兆纹的走向，才能得到保留以外，第一期武丁时代以后的骨，就只有长形的凿而不加圆形的凿。这种现象很可能是因商王发现了其中的秘密——兆纹走向可以控制，不允许再使用一长一圆的形制。或许也可以说，龟卜因为不容易通过烧灼来控制兆纹走向，而被认为比骨卜更为灵验。

如何理解甲骨卜辞

卜辞是商代的帝王为了国事或家务事问卜后

留传下来的文字史料，它不但在内容上有其独特性，

于形式上、如何表达上也存在差异。

刻辞的段落

　　甲骨文是商代的帝王为了国事或家务事问卜后所留传下来的文字，属于非常重要的史料；相较于一般的文字纪录，不但在内容上有其独特性，于形式上、如何表达上也存在差异。如果想对甲骨的内容有比较正确的认识，就不能不去理解甲骨文的措辞方式，否则可能产生误解。

　　商代的甲骨背面挖有许多特定形态的洼洞，其实就是所谓的"钻与凿"。窄长形的凿是从事占卜所必要的，每一个长凿可以从事一次占卜，占卜的内容称为"刻辞"，多契刻于长凿相对位置的表面上。第一期武丁王的时代，多从上面的长凿开始占卜，所以刻辞的段落也往往由上向下；但是第二期祖甲王的时代，就慢慢变成先从最下面的长凿开始占卜，所以刻辞的段落也就成为由下往上读的顺序，这种独特的习惯一直维持到西周初期的《周易》。

　　《周易》是一本讲述占卜的书，通过演算蓍草或竹筷而得到一个数目，六次演算的数目合为一个卦象，所以每一个卦象有六个爻，次序都是由下往上数。如阳爻为九，阴爻为六，阳爻由下而上是初九、九二、九三、九四、九五、上九；阴爻由下而上是初六、六二、六三、六四、六五、上六。以九与六的数目代表阳与阴，也可能和龟腹甲外观做六个区块，而里甲的裂甲块有九块有关，所以不少学者认为《周易》的占卜习惯是承继商代的占卜。

占卜刻辞的四个段落

　　甲骨上因为占卜目的而契刻的文句，最为完整的可以分为四个单位，分别是前辞、贞辞、占辞与验辞四个形式。前辞也称为序辞，是刻辞的

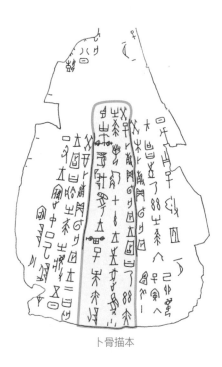

卜骨描本

卜骨拓本

第一个部分，记述占卜的日期与替王说出发问之辞的人；接着，贞辞的部分是问卜的具体内容；占辞则是甲骨被烧灼之后，王检视兆纹所显示的现象，对照事前与骨头约定的意义而做出顺利或不顺利的判断；最后是验辞，即事后检验结果与预示是否准确、具体又发生了什么事情。

这四个段落都完备的甲骨并不多，部分的刻辞只有前辞和贞辞，或甚至只有贞辞的部分而已，以下举一版卜骨为例来看具体的内容（见左图）。

先看左上图最中间的一段句子：

癸巳卜，㱿贞：旬亡祸？王占曰：乃兹亦㞢祟。若称，甲午王往逐兕，小臣古车马，硪驭王车，子央亦坠。

一、前辞部分（癸巳卜，㱿贞）

译成白话：在癸巳日做卜问，由贞人㱿来说出卜问的内容。

每一相关事件的第一次占卜必定标出干支日期，以后相关事件的占卜则可能省略日期。贞人是替代王读出占问词句的官员，有时王也自己问问题。写有贞人名字的前辞，数量相对的少，有些时代出现的甲骨根本不会标出贞人的名字。能够判别不同甲骨刻辞的时代性，"贞人"是研究时的一个关键因素。

二、贞辞部分（旬亡祸？）

译成白话：下一旬的十天里不会有灾祸，是吗？
贞辞是必要的，是问卜最为重要的内容。

三、占辞部分（王占曰：乃兹亦虫祟。）

译成白话：王检验烧灼后的兆纹，判断显现的预示后说："这个预示是说将有灾难。"

四、验辞部分（若称，甲午王往逐兕，小臣古车马，硪驭王车，子央亦坠。）

译成白话：就如预示所说，甲午日王去打猎追逐犀牛，由小臣来套合固定车与马，硪来驾驭王的座车。结果车子出了状况，子央（护卫）也坠下车来。

古代的马车是贵族才能拥有的，不但是较为快速的交通工具，也是权威的象征。商代车子的舆座比较小，最多容纳三人：驾车的御者（硪）、主人以及护卫（子央）。这次王的出猎，子央（王的亲族）为王的护卫，也从车上掉下来了，由此推想王与驾车的人（硪）应当也是摔下马车了。

商代习惯在一旬的最后一天——癸日，由王来卜问下旬有无灾难，如果卜问后的结果为有，王做起事情来肯定就会特别谨慎，以免出错。验辞经常使用"允"字，有"确实"的意思，表示预示完全应验。占卜所显示的判断，看起来几乎都是对的。但是我们很清楚，骨头本身并没有预知未来的能力，预示不准确的情况应该是会常常发生的。但是很少看到预示的结果是错误的，可能做记录的人有意回避预示不正确的情况。以下举个唯一预示不准确的例子（见下图）。

正面的刻辞作：

丙午卜，殷贞：乎自往见⊔自？王[占]曰：佳老佳人，途遭若。[兹]卜佳其匀。二旬⊔八日豕壬[申]，自夕殊。

译成白话：

丙午日占卜，贞人殷问："招呼自（人名）前往视察⊔自这个军队吗？"王检核兆纹的走向而预示说："越老的人越有经验，旅途会遭遘（亦即遇见）顺利。"预示是说这个卜的结果是有祸害的。二十又八天后，到了壬申日，自却在晚上以不正常的方式死亡了（亦即不得好死）。

正面

反面

这一版卜辞，先是在卜骨的正面刻上占卜的日期与问卜的辞句，待烧灼后于背面刻上老人越老越有经验、旅途顺利的占辞。但是因为预示结果有误，而又事关重大，所以把占辞和验辞再一次复制刻到正面的贞辞之后，成为完整的事件叙述，并且使用红色的朱砂涂在字的刻沟里头，有意点明整件事情的重要性，留下记录方便以后查验。

这是第一期武丁时代的卜辞，在十多万片的甲骨中，是迄今所知，唯一表明预示错误的例子。我们知道，骨头不可能有预知未来的能力，占卜的结果总会有错误的时候，不知道记载的人又是如何回避预示的错误，或如何辩解，现今才很少在甲骨上见到错误的预示。

贞辞的措辞形式

贞辞在占卜中是绝对必要的一部分，提出的形式主要有两种：第一种是事情尚未发生，想预先了解如果做某件事情，会造成怎样的结果或者要如何处理；第二种情况是某件事情发生了，卜问如何应变。大多数是以第一种方式呈现。我们要清楚了解这两种卜问的方式，否则就会把想要做的事情解读成已经发生的事情，这样就可能出现严重的错误。

现在举一个龟腹甲刻辞的例子，来看看各刻辞之间的关系（见下页图）。这个拓片是第一期武丁时代的几乎或近乎完整龟腹甲（见下页描本）。

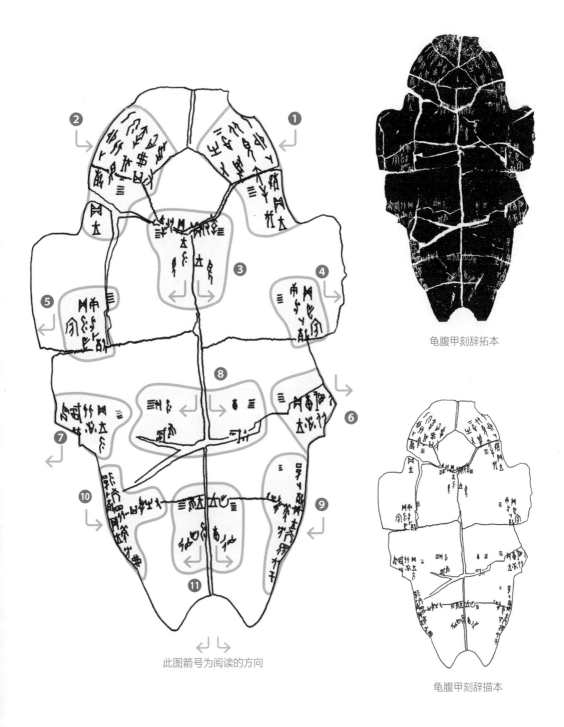

龟腹甲刻辞拓本

此图箭号为阅读的方向

龟腹甲刻辞描本

最上方右边的刻辞作：

① 乙卯卜，㱿贞：

王从望乘伐下危，受屮

（有）又？四（序数）

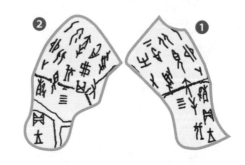

相对的左上方的刻辞作：

② 乙卯卜，㱿贞：

王勿从望乘伐下危，弗其

受又？四（序数）

这两段刻辞翻译成白话是：

商王如果跟随望乘去讨伐下危，就会受到（鬼神的）护佑，是吗？

商王如果不跟随望乘去讨伐下危，将不会受到（鬼神的）护佑，是吗？

也可以解释成：

商王跟随望乘去讨伐下危，因为将会受到（鬼神的）护佑。

商王不要跟随望乘去讨伐下危，因为不会受到（鬼神的）护佑。

这是从正面与反面来对同一个问题做问讯，商王大概已经决定了派遣大将望乘去征伐敌人下危，重点在于自己要不要随行前往。阅读的方向因刻辞的位置而有所不同：刻辞在右上方，行文就由右而左；刻辞于左上方，行文就由左而右；如果刻辞在边缘上，行列就由外而内；如果在内里，行列就由内往外。以中线为轴，刻辞在中线右边的行文就由左而右阅读；中线左边的行文就由右而左阅读，这样的对称是卜辞特有的形式。若是一般的文书（以青铜器的铭文为例），都是自上而下、自右而左一行一行地书写。

文字行列自右而左（见下页左图），铭辞作：

宰椃青铜角拓本

宰椃青铜角，高22.5厘米，商晚期，约公元前 12 世纪至前 11 世纪

庚申，王才阑。王各，宰椃从。赐贝五朋。用乍父丁尊彝。在六月，隹王廿祀翌又五。

译成白话：庚申日，王驻扎在阑地的时候。王莅临（在阑地），宰椃随从。受到赏赐海贝五朋（宰椃因此荣耀），乃铸作纪念父丁的祭祀铜彝器。时值六月，王主政第二十又五年的时候。

卜辞若出现数目四，表示这是同一件事情的第四次占卜，越是重要的占卜，次数越多，然后再统计全部占卜的结果做最为妥当的决定。有时在一块龟版上完成所有的卜问，每次的占问分别标上一、二、三、四至十的序列号；有时则在不同骨版的相应处分别刻上贞辞以及序列号，学界称这种现象为异版同文，为旧派❶的第一期与第四期所特有的习惯。龟版是以中轴线分左右，牛肩胛骨则以牛的左右肩胛骨分左右，但是第

---

❶ 甲骨文本身有旧派（第一期、第二期祖庚、第四期）、新派（第二期祖甲、第三期、第五期），主要以卜问习惯和询问内容之不同来区分，例如旧派卜辞几乎什么（生病、生育等）都问，新派则较为严格，多询问国家大事。

四期最多是左右各三骨而已。

回到龟腹甲刻辞（第33页左图），接着来看看稍下中间部位③，以中轴线分为左右二卜：

（右）贞：王从望乘？四（序数）

（左）贞：王勿从望乘？四（序数）

刻辞在中线右边的，行文由内而外（即自左向右）；在中线左边的，行文也是由内而外（注意方向是自右向左）。译成白话是：（右）问，王跟从望乘吗？（左）问，王不要跟从望乘吗？比对前二辞，才知道这里的两段辞句有所省略，它其实也是问王要不要跟随望乘去征伐下危，会不会得到鬼神的护佑。如果甲骨有残缺，得不到辞句的对比，就很难了解这两个刻辞的含义了，这就是读甲骨文最困难与无奈的地方。

接下来两边的刻辞：

④（行文自左向右）庚申卜，𣪘贞：乍宾？四（序数）

⑤（行文自右向左）庚申卜，𣪘贞：勿乍宾？四（序数）

这两个卜问都有与之前不一样的卜问日期，可以得知是对另一件事情的卜问。

"乍（作）"常是与建筑有关的用语，但辞句太过简略，还不清楚如何有关；在这个卜问的下方，刻辞与军事有关，此处的"乍（作）"好像是有关军事的建筑，但在别处的卜问，又与祭祀亲人的事情有关，这里只写"乍（作）宾"，并没有说明到底是为了安全、保佑，或使用某种材料，或施行某种仪式而发问，所以很难猜测"乍（作）宾"的意思。

往下两边的刻辞：

⑥ 贞：王宙沚馘从伐□？ 四（序数）

⑦ 贞：王勿从沚馘伐巴？ 四（序数）

仍然是"贞辞"的形式，并无标明日期，表明和其他有标示日期的占卜有关。如果从刻辞的位置来看，可能与庚申日卜问的"乍宾"之事有关。"沚馘"在第一期是位大将军，"巴"是敌对国家的名称，这是商王询问要不要跟随沚馘去讨伐巴国的军事行为，也省略了像第一个卜辞（见第34页）有出现的"受屮（有）又""受又"一类的用语。

在⑧中间的两卜：

（右）宙沚馘从？ 四（序数）

（左）勿隹从馘？ 四（序数）

辞句又更简省了，不但省略了主格的王、受格的敌国巴，连将军的名字也省略了一字。

再其下边缘的两刻辞：

⑨ 丁巳卜，殼贞：王学众伐于兔方，受屮又？ 四（序数）

⑩ 丁巳卜，殼贞：王勿学众[伐]兔方，弗其受屮又？ 四（序数）

译成白话：

丁巳日占卜，贞人殼问话：如果由王来对众人教学攻伐兔方的战略，会受到（鬼神的）护佑，是吗？

丁巳日占卜，贞人殼问话：如果王不要对众人教学攻伐兔方的战略，

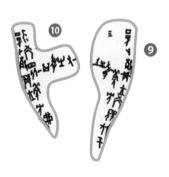

就不会受到（鬼神的）护佑，是吗？

这又是针对另一个问题的占卜，为了攻打敌人兔方临时召集非专业军人的民众，需要为其加强军事的训练，问卜内容是关心王要不要亲自教导才可以讨伐成功。在这一版里，商国有可能在短期内连续要与三个敌国作战，形势一定很紧张。

在最下方⑪的两个占卜，中线分左右：

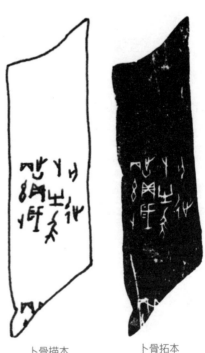

（右）王甫出德？四（序数）

（左）王勿隹出德？四（序数）

德字原先的意义是有将路修得平直的才能、才德，于此转为和战争有关的动词词性。以这版刻辞来说，伐和德是不同的征伐动作。"伐"有可能是一般的征伐，"德"则是基于正义，出师有名的出征。译成白话大约是：王需要或不必要以正德的名义出征。从相关的部位来看，"出德"大半是针对（敌人）兔方所做的卜问。

至于第二种情况，则是有事情发生才卜问对策，如右图。

这是第二期卜骨的拓本与描本。刻辞作：

丙午卜，出贞：岁卜出（有）祟，亡延？

译成白话：在丙午日占卜，贞人提出的问辞为："卜问这个年度好坏的结果是有灾难的，但不会延续下去，是吗？"

对于这个年度是好是坏，卜

卜骨描本　　　　卜骨拓本

问结果确定会发生灾难，商王想要知道此灾难会不会延续下去。商王每旬都会做下一旬是否发生灾难的卜问，偶尔会问今天夜晚会不会有灾难，大概每年也会预测下一年度的前景，西周之初亦有同样习惯。

饕餮纹双耳垂珥方座青铜簋（利簋，如左上图）铭文由右至左作：

武王征商，佳（唯）甲子朝岁鼎（贞），克闻（昏）夙又（有）商。辛未，王在阑自，易（赐）又（右）事（史）利金，用乍□公宝尊彝。

译成白话：在武王讨伐商王的战役中，于甲子日的早上做一年运势如何的占卜，（所得结果是）在早晚之间的短时间内就能够取代商朝。（胜利后的）辛未日，王到了阑自，赏赐右史利铜料。（右史利）就用这些（铜料）来铸造祭祀檀公的铜彝器。

"利簋"记载了周武王发动对商战斗之前的卜问，"岁贞，克昏夙有商"就有对于这一年情势的占问，答案是朝夕之间就能取代并拥有商国。因此周武王就发动战争并取得胜利，建立了周朝。

饕餮纹双耳垂珥方座青铜簋（利簋），通高28厘米，口径22厘米，西周初，约公元前11世纪，陕西临潼出土，中国国家博物馆藏

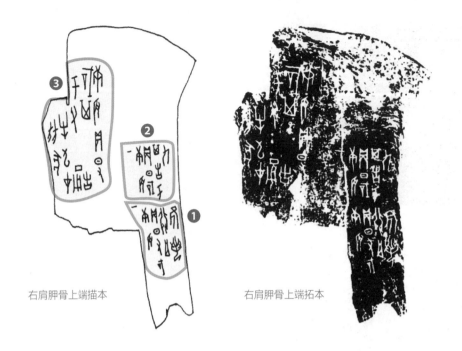

右肩胛骨上端描本　　　　　　　右肩胛骨上端拓本

再举一例，这是第四期右肩胛骨上端的刻辞，全部三个占卜（如上图）由下而上作：

① 庚辰贞：日又戠（识）。非祸，隹若？

　一（序数）

② 庚辰贞：日戠（识）。其告于河？

　一（序数）

③ 庚辰贞：日又戠（识）。其告于父丁？用牛九，才𤋮。一（序数）

日有识可能是指太阳出现可辨识的斑点，这是中国人对于"日斑"的记录。其为一异常天象，是实际发生的事件，商王很不安心，所以第一卜就问，这不是灾祸，是顺利吉祥的事吧？可能卜问到的结果并不吉祥，所以同一天再问，太阳出现斑点，要向黄河的神灵报告吗？也许得不到肯定的答案，同一天又问，太阳出现斑点，要向父丁的神灵报告吗？大致得到了肯定的答案，所以就使用九只牛于𤔲（协）这个地点祭祀。

这是针对已经发生的事而做占卜的例子，可以确定太阳出现了斑点，但不知道它是好的还是坏的征兆，所以要占卜问个明白。结果是不好的征兆，再询问哪个神灵可以帮忙解除，答案为父丁的神灵，因此用九只牛来祭祀以答谢神灵的帮助。𤔲（协）可能是占卜的地点，也可能是祭祀牛的地点，通常的情况是占卜的地点。

以下举一个可能被误会的占卜，这片甲骨出自周原（如下图），刻辞由上往下、由左往右读：

衣王田至于帛。王维田？

"衣王"是周人对"商王"的称呼，商国自称为"商"，但周人对其却有"商、衣、殷"等三种称呼，"衣"与"殷"可能是周人对"商"的译音，不一定含有轻视的意义。"衣王田至于帛"是一件事情的陈述，是存在的事实。古代有时假借田猎之名行侵略之实，周在建立王朝之前，与商的关系时好时坏，这时见到商王田猎到了帛这个地方，有点担心商王真正的意图，所以占问："王只是田猎吗？"有人不了解占卜辞句的格式，以为两句都是问话，所以想不通为什么已经问了"商王要不要去帛地打猎？"，又要再问一次"王要不要去打猎？"，还以为周在打败商朝（"商王"）之前已经自立为"王"，所以这段话的"商王"和"王"是不同的人；或以为这是商国的人所做的占卜，因而想不通何以商王的占卜甲骨出现在周王的窖藏中。这就是不明白占卜的格式而引起的误会。

占卜是巫师的工作

当宗教活动成为生活重要的一部分时，

有特殊能力可与鬼神交通的巫师成为专业的神职人员，

进行占卜取得神灵的指示。

只有巫师能够操作骨卜

前几章已经介绍过，占卜答案的取得是事先与骨头做口头的约定，以烧灼后兆纹的走向作为骨头回答是或非的依据。如果与骨头约定何种模样的兆纹代表吉或凶之人，又是烧灼甲骨使其产生兆纹的人，较有可能可以操作卜纹的走向来影响王对于朝政所下的决定；其实理想的办法是发问和烧灼甲骨之人不是同一人。

提出占卜问话的人，甲骨学者称之为"贞人"。甲骨卜辞里，可以看到商王有时也会发出占卜相关的问题，所以提问人大概不需要具有巫师的魔力，而是王比较亲近或信任的大臣，可能也如《周礼》所言，"小祝"的工作是代理王祈祷"福祥、顺丰年、逆时雨、宁风旱、弥灾兵、远罪疾"等国家大事，若代理王向甲骨提出问题，应也是这类不必拥有魔力的事情。

骨头要去除骨胶原才能烧灼出裂纹来，这是未见于记载、现在才破解的千年秘密。这项知识巫师应该不会泄漏给外人，可能是以口耳相传的方式来守护职业的秘密并亲自执行，烧灼的工作推测也是由巫师来操持。

巫是有阶级且有神灵的社会产物

巫的工作并不是远古蒙昧时代的产物，其实是到了有原始宗教概念——亦即人们对于威力奇大而又不能理解的自然界开始有了疑惑与畏惧的时候，才能想象得到有超乎人力的神灵（鬼神）存在。但是，神灵（鬼神）并不会和一般人直接说话，如何把愿望上达，从而得到指示，无疑是大家认为很重要的事情；若是有人可以与神灵（鬼神）交通，肯定就会得到其他人的信赖和尊敬。占卜就是和神灵（鬼神）交通的一种方式，而也只有巫才有办法在短时间内烧灼甲骨使其裂成纹路而得到神灵（鬼神）的指示，所以巫在古代的社会受到尊敬、享有崇高的地位是很自然的事情。

在早期尚无阶级区分的时候，每个人的社会地位是平等的，因此也没有"神灵（鬼神）的世界是有组织的世界"这样的观念。因此有特殊能力、可与神灵（鬼神）交通的人，被认为只是接受了别人请托的业余人士，不足以成为专业，这一群人可能也没有特别的社会地位。是等到有了阶级划分、产生了对他人具有约束力的领袖以后，神灵（鬼神）的世界也才有了等级及至高的上帝；那时的宗教活动也成为生活重要的一部分，并且出现了专业的神职人员，享有高于一般大众的社会地位和威望。

大约在四千七八百年前的黄帝时代，中国开始具有政府组织，有阶级的分别，还有加强社会约制的人为制度，同时也才有了专业的巫师。《庄子·应帝王》与《列子·黄帝》都有提供巫咸（黄帝时代），其能够知道某个人的生存或死亡、有灾祸或福气、能够长寿或早年夭折，甚至预告某个人的死亡在哪一年、哪个月、哪一旬、哪一天，都十分准确。

巫字的创意

甲骨文的"巫"字：⊞ ⊞ ⊞ ⊞，作两个I形交叉器具的形状；金文的"筮"字：𥴢，意思是推演蓍草或竹筷的数量来筮占的方法。"筮"字形作双手拿着占筮的工具，进行占卜演算的样子；"巫"字是"筮"字的部分，亦即筮占的工具，竹为其材料。巫是专门以占卜为职业的人，也可以从《归藏》"黄帝将战，筮于巫咸"得知，巫最原始的工作是占卜，其能预示未来的战果。"巫"字的创意是以其所用占卜工具来表达他的职业，但《说文解字》却说："⊞，巫祝也。女能事无形，以舞降神者也。象人两褎（袖）舞形。与工同意。古者巫咸初作巫。凡巫之属皆从巫。𥸤，古文巫。"描述巫的字形是表现女巫在跳舞的形象，这显然是因为字形的讹变而导致的错误解释。

巫在商代不但是个生前有特殊能力，可以与鬼神交通，备受尊敬的人；死后也能成为神灵而接受祭祀。卜辞提到接受祭祀的巫有东巫、北巫、四巫等，足以想见商国的四方领域都有巫的神灵存在。特别是在商代众多的官职中，只有巫者能够享受祭祀的尊崇，应当与其职务有关。

《周礼·司巫》说巫的工作是"国有大灾，则帅巫而造巫恒"。巫恒的意义是指巫经常从事的工作如宁风、降雨这一类，商代卜辞也常询问祭祀巫人能否宁息风灾。风和雨是相关的，中国以农立国，农业的丰歉与雨量的多寡和适时与否有莫大关系。华北夏季经常闹旱灾，商代求雨主要用两种办法，一是跳舞，二是焚烧活人，其所焚烧的不是罪犯或奴隶，而是巫觋（xí，巫师）。

巫师求雨可能失去生命

甲骨文的"熯"字：，字形于不同时期有所变化，早期完整的样貌是一个人两手相交按着肚子，下面有火焰烧烤，可能因痛苦而呈现张口呼叫貌。或者省略火焰表现为：。又或者省略张口呼叫表现为：。当卜问以"熯"的方式求雨时，总是会提及被烧烤者的名字，这不可能发生在微不足道的奴隶或罪犯身上，应该是有能力交通神灵（鬼神）的巫师，他们的名字才值得被提起。

烧烤巫师以祈雨的习俗，直到春秋时代还十分普及，如《左传·僖公二十一年》记载——夏天时发生大旱灾，鲁僖公想要以焚烧巫师的方法来解救，大臣臧文仲则劝说，正确的工作是修理城墙、省吃俭用、勤劳农耕，杀害巫人并没有什么用处，上天如果要杀害他们，也不会因可怜而让他们到现在还活着，如果巫有造成旱灾的能力，焚烧他们会让情况越发严重。鲁僖公听从劝谏，果然，这一年虽有饥馑，但不严重。

文献中也记载夏朝的禹和商朝的汤，两个人都曾经以焚烧自己的方式求得降雨，而有解救旱灾的功劳。这种方式大概是基于天真的想法，希望上帝不忍心让他的代理人受到火焚的痛苦，从而降雨以解除巫者的困厄。但这个做法太残酷、太痛苦，巫也不想以身试之，所以商代多是用乐舞来取代"燎"这个方法。不过，这个习惯仍延续至春秋时代，甚至东汉。看来，古代的"巫"常有因施行巫术而丧失生命的危险，可能因此研发出减除焚烧痛苦的药物而建立起原始医学。

巫能治病

除了占卜之外，古代巫师最为实用的能力是替人治病，《山海经》的《大荒西经》和《海内西经》等篇章都提及，巫师所在之地（灵山），存有天地间各式各样的药材，他们甚至能够拥有让人不会死亡的药物。巫师在行使巫术时，需要使自己的精神达到恍惚、狂癫的状态，才能产生幻觉而与神灵（鬼神）对话，或者敢施行危险的动作，那样的境界难以只借由唱歌或跳舞达成，必须借助药物，有时甚至也要让病人服药进入恍惚状态，才能施行巫术。因此，巫师对于疾病的反应和治疗的经验，远比他人丰富；对于某些药物与病征间的关系也持续有新的发现，自然而然逐渐发展为善用药物治疗的医生，所以中国传说中，早期的名医都具有巫的身份，《说文解字》里"古者巫彭初为医"，就是说首先从事医师工作的人是"巫彭"。

"巫"与"医"

　　商代的甲骨文虽只见"巫"字，不见"医"字，不过观察商代中期的房了遗址，发现其中储存了多量"郁李仁"等有下血功能的草药，推知当时必然有善用药物的人，但原属"医"的职务大概是由巫来充当了。后代慢慢将以舞蹈、祈祷等心理治疗为主的人称为"巫"；以药物治病的人称为"医"。在民智尚未大开的时代，治病多是以心理治疗为主，所以中国早期的名医又都具有巫的身份。小篆的"医"字：醫，其由三部分组成。"殹（yì）"作箱中有箭矢和殳（shū）之状：醫。"殳"字则是手持工具的形象：殳。"酉"字是酒罐的形状：酉。矢可能是取自身上的箭镞，也可能是刺脉使用的尖状物。手持的器具可能是外科的手术工具；酒是麻醉、消毒、加速药力或激励心情的药剂。战争激烈的时代，被箭射中是常见的伤痛，所以取其形象来表达医生的意义。由于中箭创伤的病因十分明显，除了被虫豸（zhì，爬虫类的总称）咬伤之外，它大概是最早的真正医术发展的项目之一。医字的另一写法是以"巫"代替"酉"的部分：毉。由于医是由巫所发展而来的职业，所以巫医也常连文，有时偏重在巫的事务，有时偏重在医的职务，如《管子·权修》中"上恃龟筮，好用巫医"，此处的"巫医"其实就单指巫者一事而已。

　　心理治疗虽然不全是骗人的举动，但因其不像药物有显著成效，所以到了春秋时代两者便分职了，每当有病时巫者常在受召之列，但主要是卜问吉凶；如果需要视疾下药，则由医师来做。例如《左传》记载公元前581年，晋侯梦见大厉鬼被发及地，破坏门户强行进入室内，受此惊吓的晋侯就召集桑田巫来解梦；不久晋侯病了，就请秦国的医生来看病。

又：公元前541年，另一个晋侯有疾病，请来巫师询问是何物作祟所致，得知是何物后，竟然还是请秦国的医生来看病。虽然以上两例，晋侯得的都是不能医治的病，其实医生也无能为力，但从其中可以看出，当时的人虽然仍旧相信鬼神可以招致病疾（应该询问巫医），但却更为信赖医生治病的能力，所以《史记·扁鹊仓公列传》有"信巫而不信医则不治"的议论，巫也渐渐失去了人们对其的尊敬。

创造文字的史官

文字是高度文明下的产物，

可能因史官们有即时记录事件、传达施政要点，

随时可供查验的记录等需求而创建。

文字是高度文明下的产物

文字是高度文明下的产物，初期可能有不少人为了帮助自己保持记忆，而创造某些符号来代表特定意义。文字对于一般人来说，主要用途是记录所拥有的财物数量，或重要的吉庆、婚丧节日，鲜少涉及思考的演绎，以及繁杂事务的详细描述。一开始，文字符号的使用都是零星的，并没有意图要推展成多量而有体系的文字。但是，一旦社会进化到有管理以及被管理的不同阶层时，就有了专业的史官与巫职人员。对于巫师来说，他们需要把繁杂的仪式过程或者如魔术般的手法记录下来，以免忘记或出差错，可能因此积极构思、创造出一套有效的文字系统。不过，还是有些秘密，譬如占卜时如何使骨头烧裂，是不能让外人知道的，因此这些内容就透过口述的方式传授给圈内人。总体而言，巫师发展文字的积极性和迫切性其实比较不高。

史官对于文字的需求

至于史官，他们不但要即时记录事件发生的原委、传达施政要点，更需要随时可供查验的记录，因此急切地需要一套系统让大家能够遵循使用。中国在汉代时，有不少人认为黄帝时代（距今约四千七八百年前）的史官——仓颉发明了文字。虽然我们认为文字的体系是慢慢建立的，不可能完成于短时间或单个个人有能力去创建，但推论文字是史官们有迫切的需要才发展而成，倒是非常正确的见解。

文字创造的法则具有一致性

政府官员，尤其是史官，初期在创建文字体系时，虽然没有依据很严谨的条例，却也有一定的原则与共识。譬如说，我们可以从甲骨文中看出，许多字其实有一致性地违反实物形体的呈现手法，与普遍性地以某种形态来指称社会高阶层的表现，以下分两点细论。

一、违反实物形体——打击器的创作规律

甲骨文的"殳"字：🦴，表现为单手拿着一件有柄的器物然后打击某物的动作。对于"有柄的器物"甲骨文有两种呈现方法：一作直柄貌，一作曲柄貌，都有不同重点。手拿工具若是作直柄貌，主要是以"攻杀"为目的，意图在给对方造成伤害，如甲骨文的"施"字：🦴🦴，作一手拿一把直棍，或前端有钝头的直柄棍棒，攻击一条蛇的样子，所以有"攻杀"的意思。

若是作曲柄貌，则是想达成攻杀以外的特殊目的，如甲骨文的"磬"字：🦴🦴，作一手拿一把曲柄棒槌敲打一件悬吊着的石磬。甲骨文的"鼓"字：🦴🦴，则常作一手持拿一柄乐槌击鼓的样子（此处的石磬和皮鼓都是可以发出特定乐音的乐器）。

甲骨文还有"𣪊"字：🦴🦴，作一手拿一把曲柄的棒槌击打一件牛角的样子，这样可以发出一定音高的咕咕声响。甲骨文的"𣪊"字：🦴🦴，作手持一把曲柄的棒槌敲打钟、铃一类的乐器。还有"攻"字：🦴，作手持一把曲柄的棒槌在敲打一件石磬的情状，目的在于检验发出的音高是否符合一定的声调。这些敲打乐器的棒槌，出土的时候其实都是呈现直柄的样貌（如下页图），代表文字中棒槌的弯曲形状与实物不同。甲

春秋晚期的鼓及木槌，湖南省博物馆藏

骨文中还有很多可能也是表现敲击乐器的字如：𢽳𠂇𠂤𠬝𠬛，如果没有创造文字的共识，就不会有这样一致性违反实物形体的表现了。

二、表现社会高阶层——画出头部表现贵族身份

当历史进展至有了阶级划分时，社会中必然出现高等贵族与一般平民阶层的分别。在实际的人类身体构造上，虽然可以用不同的服饰来区分，但在文字上很难用简单的笔画加以分辨，不过这两个阶层的生活、行为有时十分不同，许多时候有必要加以区分。我们可以发现甲骨文中，如果作简单的人形，那就是不分贵贱，人的一般形态；如果把眼睛，甚至眉毛也画出来，则在表达贵族的形象。

首先来看古人称呼鞋子的"履"字——西周的字形为：𦣝𦣞𦣟，作一个有头有眉毛的人，脚上穿着一只如船形的鞋子。早期的鞋子，外形颇像一只船，如果简单地只画一只鞋子的形貌，就会与**甲骨文的"舟"字：𠂤𠃊𠃌**混淆，所以加上一个人穿着的样子来显明"鞋子"的意义。鞋子穿在脚下，与高高在上的头根本扯不上关系，本来画个一般人的形象也就可以了，但是创造此字的人却不嫌麻烦地把头部的特征也描绘出来，

履

履

履

履

履

這一定是為了要表現穿鞋者是何種身份地位。小篆的"履"字第一形：履，已起了很大的訛誤變化。尸是站立人形的側面形象，目是眉毛的部分，舟是鞋子的形象，久是腳趾的部分。經過這樣的分解和位置移動，哪有辦法看得出字的原先創意？第二形：履，以"舟、足、頁"三個構件組成，比較容易看出，這是表示一位有頭有臉的人物，腳上穿著如"舟"字形的鞋子之貌。

鞋子是人們日常穿用的物件，一點也不會覺得有什麼稀奇值得特別標明，但我們可能見過有穿衣服、戴帽子而沒有穿鞋子的半開化部族，卻從來不曾見過有穿鞋子而不穿衣服、戴帽子的人，可見鞋子是有帽子以後的另一種文明社會下的產物。

直到很晚的時代，鞋子對於很多人來說還是可有可無的物件。當初它到底是因何而創造，也是一個值得探索的問題。鞋子最初的功用，可能是為了保護腳不受傷害。但事實上人和其他動物一樣，腳本來就是為走路而生，皮膚自然會硬化，不會輕易被路上石塊或其他東西所傷，赤腳走路已經幾百萬年，也不會為此目的而突然興起穿鞋的念頭。

鞋子雖然是衣飾之一，但在人群中，根本看不到鞋子。半開化民族對身體的各部位經常做各種裝飾、紋飾，就是少有把注意力放到腳下的，譬如留下很多雕像和圖像的中南美洲瑪雅文化，以及非洲北部的埃及文化，他們穿戴過分誇張的帽子、珠寶，就是不常穿鞋子（見下頁圖）。可見鞋子並沒有裝飾方面的大用途，倒可能有禮儀上的作用，為某種社會地位的表徵。

中國古代在室內有跪坐習慣，甲骨文有一字：履，是一人跪坐於草席之上的樣子，為避免穿鞋坐上席子而髒污了它，對自

赤脚戴面具的玛雅神巫

己和他人带来不便，因此有脱去鞋袜的要求。《礼记·曲礼》："侍坐于长者，履不上于堂，解履不敢当阶。"表示在厅堂上不穿鞋子，必须在登上堂阶之前脱去，而且不能当着台阶脱。另外，在餐宴的场所不脱鞋袜，也会被认为是大不敬的行为。

没有鞋子以前，人们一向习惯行走于朝露上，没有必要为了保护双脚受湿气侵蚀而去发明鞋子，反而"行礼"这个目的，才可能是创造的主因。其演进过程大概可做如下假设：为免侮慢，在进入厅堂之前，很可能有洗去脚上污秽的习俗。

甲骨文的"前"及"湔"字：都作一只脚在盘中洗涤的样子。"前"字又有前进、先前等意思，可能也是取意踏上殿堂行礼"之前"要"先"洗脚的习惯。临时才洗脚恐怕有点匆促，后来为了方便，就事先用皮革包裹已经洗净的双脚，即将行礼前再拿掉这个裹脚的皮块，即可保持脚的干净了，而这块临时的皮革，慢慢地发展为缝制成固定形状的鞋子。同时，相较于画个简单人形，创造文字的人特地把头部特征也描绘出来，一定是为了要强调穿鞋者是贵族的身份。

我们再来比较同样的文字结构里，如果一个作简易的人形，一个作有头脸眉目的人形，意义有何差别。**甲骨文的"疒（疾）"字**：这个字应该横着来看：，表示一个人躺卧在有支脚的床上，有时身上还流汗或流血的样子。这个人没有特别画出眉目，所以指的是一般人。商代的人一般是睡在席子上，**例如"宿"字**：，作一个人躺卧在席子上的样貌，所以有"睡觉"的意思。当时的人如果生病了就要睡在床上，因为死在床上才符合礼仪的要求（古人认为死亡时如果不在床上，灵魂就难以超生）。古代医学不发达，生了病容易导致死亡，所以一旦生病，就要做最坏的打算，让病人睡在床上，纵使死了也不违背礼俗，灵魂可以投胎再度活在人间。

甲骨文的"梦"字：，则是一个画出眉目的人，睡在床上的样子。"疾"字与"梦"字的不同，差别只在眼睛有无被画出来。人人都会做梦，为什么创造"梦"字的人要描绘眼睛，强调其贵族的地位呢？

当古人遇到重大事情需要决策，例如整个氏族要出猎、迁移等等，有些民族会使用占卜的方法祈求神灵提示正确方向，但如果该民族的信仰是"鬼神会在梦境中给予人们指示"，他们就会希望能够做一个记得住的梦，从中得到神灵的提示；但这不是随时都能够办到的，所以有些部族以绝食或吃药物的方式，让身体虚弱或精神恍惚，产生有如做梦般的幻觉。我们会把觉醒时出现的带有视觉性的空想叫作白日梦，也是基于同样的经验。因为绝食或吃药物都可能导致死亡，所以要在床上做梦请求指示，如此就算死了也不违背礼节，灵魂可以去投生。由于做梦被视为是神灵的感召，作为部族的领导人，肩负一族安危的重任，他们所做的梦被认为与大众的福祉有密切关系，所以甲骨文的"梦"字才特地把做梦者的眉毛画出来，以此来表达做梦是贵族需要担当的事情。

商代的人还认为鬼神作祟与做梦都可能引起疾病，他们认为做梦和鬼神有关，是一种神灵感召的现象，所以也可能导致生病。做梦是神灵给予的启示，所以要用占卜的方法询问所做的梦到底表示灾难还是福佑；如果是灾难，当然还要探明使用什么办法可以禳除灾难。

再举一个比较的例子，**甲骨文的"刖"字**：作一手拿一把锯子锯下一个人脚胫的样子，这个字后来被形声字取代。脚胫被锯掉就成为行动不方便跛脚的人，卜辞中有记载提出对一百人动用刖刑的卜问。《左传》载有齐景公时，因为太多人遭受刖刑，以致市场上鞋子便宜而义足比较贵的相关故事。受到刖刑的人绝大多数是奴隶或一般民众，所以"刖"字所表达的是一般人的形象。

同样是受到刖刑，但当这个人是一位贵族时，则会画出头、脸、眉毛，意义也不相同。**甲骨文的"蔑"字**：作一位有头、脸、眉毛的大人物，脚的部位被一把兵戈所砍着，这应该是受刑的表现。这个字在《说文解字》中的意义是"劳目无精"，眼睛过于疲劳而没有精神，其与战斗的武器有何相关呢？推测可能是受了刖刑的贵族，感到前程无望，所以颓然不能振作，有如眼睛过于疲劳的样子。眼睛疲劳是一种很难表达且细微的精神状态，创字的人竟然能深入观察到贵族受过刑罚的脸部表情，令人赞叹他们的巧思。甲骨文还有很多字画出一个人的头部、眉毛的形状，意义也大都与贵族的生活圈有关，表示创造文字的人们属于有组织的行业、有共同的创字思维，这群人最有可能是史官。

史官职务

甲骨文的"史"字：作一只手拿着一件物品的样子，这件物品应该是从事"史"这个职务的人用来执行公务的器具。"史"是统治者的助理，主要的工作是记录事情的原委、过程以及决策，提供后来必要时的检验。"史"这个字手中所拿的东西，可能就是书写的木牍与放置木牍的架子。

一般文书的书写使用单行的竹简，然而，在朝廷上记录政策的拟定或讨论的过程时，如果也使用单行竹简，不仅需要经常更换竹简，事后还要把竹简的次序重新排定、编缀成册，十分麻烦且费工夫，所以使用可以书写多行的木牍，较为方便实用。

木牍的形状本来应该是矩形，但如果照实把形状画出来，可能与"中"字：ф的形象混淆，所以就把下边画成弯曲而冒出来的形象：，这是创造文字时有意的歪曲事实，如上文举例的乐器——棒槌，实际上都是直柄，但是为了要与以"攻杀"

为目的的棒子有所区别，就把这些字里的棒子都画成弯曲样貌。所以，甲骨文的"史"字，造字创意可能是一只手拿着放置木牍的架子（字里没有描绘出的应是拿着毛笔、准备书写的另一只手）。这是以工具来表达使用者职业的方法，埃及的圣书体也经常以不同的工具来表达不同行业。

文官政治

阶级众多的社会中，人民对于国家的领导机构有服劳役、兵役以及交付租税等义务，才得以接受国家保护。身为最高领导者的王，不可能事事躬亲地处理，势必要委托一些官员代为管理比较细琐的事务，这些管理人员的长官被称为"尹"，"史官"是尹等级之下的官员。

甲骨文的"尹"字： 作一只手拿着一件东西的样子，《说文解字》也知道尹的字形表达手拿东西的意思，但说不出到底拿着什么。

因为"尹"字是指治理人民的官员，所以有不少人以为其表现官员的一只手拿着一根棍子，有使用暴力惩治或恐吓老百姓的意思。这就错失了中国自古以来重视官僚政治的特性了。

打人的时候，手要握住棍子的"下端"，才能发挥击打的作用。如**金文的"赦"字**： 就作一手持鞭殴打一人至流血的程度，来赦免相较之下更为严重的罪责，但是"尹"字显示的却是手拿某种器物"上端"的形象： 古代用这种方式拿着

书

▼

肀

▼

尹

▼

肀

▼

聿

的东西，最大的可能是毛笔。**甲骨文的"聿"字**，是表达毛笔这种物品，所以把笔毛画出来；一如**甲骨文的"书"字**：，意思是用毛笔来书写，所以也描绘出笔毛。"尹"则是使用毛笔工作的人，不画出笔毛来做区别；一如**甲骨文的"君"字**：，指的是使用毛笔管理众人事务的高级官吏，所以省略笔毛以资分别。

竞争是自然界成员为了生存不得不采取的手段，在寻求必要的生存物资时，若双方的利益不平衡，为了保护自己，不得不通过各种途径以达到压制对方的目的，而战争就是压制对方、解决争执最直接的方法。虽然它是残酷的行为，却是人类文明发展一个不可或缺的动力，没有一个文明的国家不是成长于不断的争战中。在西方，武士经常是被崇拜的对象，有领导能力的人也常常会是军队的指挥官；但是在中国，使用武力一向是不被赞美的，作为武士的身份也常是不被崇拜的。因为中国很早就进入农业社会，经营农业需要建立田籍与户口，人民有交税、当兵的义务，相较于战争，其更强调统治者需具有书写的能力，才能有效执行管理任务。国家有一套记载清楚的文官制度作为官员考核与升迁的依据，这是中国统治制度十分重要的机制。

文吏形象的玉雕，高5.4厘米，西汉，公元前206年至公元25年。河北博物院藏

演戏与军事有什么关系

古代于高台上演戏，

而军队的指挥官也是在高台上发号施令，

所以"司令台"也可以用"戏台"来称呼。

我曾在一场演讲中说道，古代演员在高台上演戏，而军队的指挥官也是在高台上发号施令，所以"司令台"也可以用"戏台"来称呼。演讲后一位教授跑来对我说，他一直纳闷，为何昭明太子在北伐途中的诗文提到"戏台"，现在才算明白，原来意思是在"司令台"上发号施令。这就是中国文字巧妙的地方，同一字词出现在不同时机可能就有非常不一样的意义。

追根究底，演戏与军事之间的关系要从老虎这种大型的动物谈起。**甲骨文的"虎"字**：🐅🐅🐅🐅🐅🐅🐅🐅🐅🐅🐅🐅🐅🐅🐅🐅🐅🐅🐅🐅🐅🐅🐅。因为老虎是商王狩猎中的重要猎物，所以在卜辞中出现的次数非常多，从文字的样貌演变也很容易看出这个字是描画一只老虎的形象。后来，因为笔画太过繁杂，就开始先将身躯简化，保留头上的耳朵特征：🐅；接着为了书写顺畅，就把在头顶的耳朵移到鼻子前面：🐅。**东西周的金文就是基于这个字形演变而来**：🐅🐅🐅🐅🐅🐅🐅🐅🐅🐅🐅🐅🐅🐅🐅🐅🐅🐅🐅🐅。**小篆的字形传承自金文**：🐅，最上面的分叉是老虎的耳朵，中间的部分是张开嘴巴的头部，最下面是身躯与脚。

老虎是猫科中最大的动物，不计尾巴，身长可达2米，重200千克以上，有着强壮的身躯、锐利的爪牙、敏捷的动作，是一种非常凶猛的野兽。在野生动物中，老虎可以算是人们非常熟悉且常见于装饰中的图案。古时候猎捕老虎是一件很危险的工作，如果不设陷阱、不使用毒药，想要只用武器去对付它是非常不容易且不理智的行为，所以**甲骨文的"虣"（bào）字**：🐅，就以一把兵戈面对着一只老虎来表达粗暴、不理智的意思，意味着一个人若用兵戈去猎捕老虎是不经过思考的粗暴行为。此字笔画太多，后来常以同音的"暴"字表达，如《诗经·小雅·小旻》篇的"不敢暴虎，不敢冯河"。暴虎的意思是以武力去对付老虎，冯河则是不带漂浮物而强行

虎

渡河，都是不经思考的不智举动，不值得仿效。

　　对于古代的猎人来说，捕捉到老虎是件可以拿来夸耀自己英勇表现的实证。从甲骨的记载中得知，商王虽然有多个处所能捕捉到老虎，但是在大量捕获的猎物中，通常只会有一两只而已。譬如在一次大规模的狩猎中，捕捉到40只鹿、164只狼（有可能是獐的误释）、159只麋，但才捉到一只老虎，相较外皮坚厚的犀牛动辄捕获到10只以上，就可以知道老虎难于猎捕的程度。通常，商王打猎时都会有大批勇士随行，捕到老虎多半是众人合力所致，但商朝的最后一位王——帝纣，曾于《史记》中被描写为"材力过人，手格猛兽"（才能与力量超过常人，能空手与野兽格斗），这可能是基于事实的记载。有一次，纣王在鸡麓的捕猎行动中，可能独力（起码是主要的角色）捕获了一只成年的大老虎。为了夸耀其英勇，特地要工匠取下老虎的前膊骨，又在骨头的正面，利用

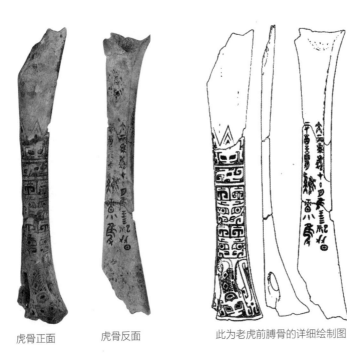

虎骨正面　　　　虎骨反面　　　　此为老虎前膊骨的详细绘制图

老虎前膊骨特有的弯曲骨桥，刻上一只蓄意攻击的生动老虎形貌，接着依序刻上两层饕餮纹、一层简省的龙纹，最后是三角形的蝉纹。反面也有刻辞："辛酉，王田于鸡麓，获大烈虎，在十月，唯王三祀劦日。"翻译成现今的文字是："王在第三年举行劦组的祭祀期间，在十月辛酉日这一天，于鸡麓田猎而捕获大烈虎。"依据书体的风格、字形，以及记载的年、月、日，可以肯定这个王是纣王。现存于世的古代老虎骨雕虽然不少，但这是迄今所知唯一出现在老虎骨上的刻辞。正反两面的花纹和铭辞的刻沟中，还镶嵌上当时非常贵重的绿松石（正面、反面），显然是为了炫耀纣王的打猎成果，并作为赏玩和展示的工艺品。而像老虎一类的大型野兽凭个人难以捕获，是拥有徒众们的贵族才有办法做到的事，因此，古代以战利品作为装饰也有表示地位的功用。

老虎既然对人类具有生命的威胁，又如此难捕获，上古时如有人想夸耀其胆力以及勇气，恐怕没有比跟老虎搏斗更刺激的场面了。所以搬演搏斗老虎的故事剧，甚至真的与老虎搏斗，就成了古代一种十分有吸引力的娱乐节目。汉代就有这样的记载，说东海黄公在年轻时以表演徒手搏斗老虎为职业，到了年老时不知道自己的身体已经衰弱，有次带着刀上山要去捕捉老虎，反而被虎吃掉了。后来的人也将此编成有科白（动作和台词）、化装、舞蹈的戏剧，做职业性的表演。

金文的"戏"字： 䯅 䯅 䯅 䯅 䯅，由一只老虎（以虎的头部代表）、一把兵戈以及一张凳子组成，可想而知是表达一人持兵戈表演刺杀高踞凳上的老虎的游戏，所以才有"游戏、戏弄"

等意义。**甲骨文还有"虩"字**：🐅，其为一地名，表现更为惊险的、不拿器械只使用双手跟老虎格斗的样子（也许是当地的拿手表演）。

应付老虎虽然凶险，但老虎通常会避开健壮的大型兽类，只有在饿坏了或被激怒时，才不择对象做攻击。《易经》履卦有"履虎尾，不咥人，亨"的记载，意思是踏到老虎的尾巴，它不咬人，就是吉祥的征兆，用来表明老虎甚至有被冒犯了也不发怒的时候，而且老虎喜欢在夜间捕食，其实对人群、社区不会构成大灾难。它们大概在喂饱肚子时也是不攻击人的，有记载来自占城（越南）的表演："开圈弄虎，手探口中，略无所损。"意思是打开老虎的牢笼，用手伸入老虎口中试探，一点也不被伤害。另有一记载，南方的扶南王饲养老虎，如果有不能判断曲直的诉讼事件，就把人投入虎牢中，如果不被虎攻击的就是理直。可见南方的人把老虎当作神看待，还加以祭祀呢！

其实老虎有个很不好的习性，可用一字来讨论——**甲骨文的"皆"字**：🐅🐅，其最完整的字形作两只老虎都变成骨头样貌：🦴。"皆"字反映虎的特性：雄性老虎不能相容。若是两只老虎掉进同一个坑陷，不但不合作，还会相互争斗以致双双死于坑中，变成白骨，所以有副词"统统、俱、都"的意思。副词是一种抽象的文法结构，是无形象可以描绘的，但创造此字的人竟然可以想到借用老虎的习性去表达，这也说明当时的一般人大都是非常了解老虎的这种习性，所以才能理解这种创意。"皆"字因为笔画太多，有时会简略成一只死去的老虎在坑陷中：🐅，或两块已成枯朽的白骨在坑陷中：🦴。到了

字 体 演 变

汉代画像石上的戏虎图

周代，也许对于老虎的这种习性没那么了解，所以用两个人代替两只老虎而成现在的"虤"字：🐯。《说文解字》还保留🐯、🐯两个字形，后者的意义已经变成两虎相争的声音了。

　　西周铜器上出现的铭文有"辅戏"这个官职，是在高台之上发号施令的师长副手。戏在高台上演出，军队的指挥官也在高台上发号施令，两者都是在高台上发生，也能用"戏台"来指称"司令台"。同时《史记》的《项羽本纪》与《高祖本纪》中都有"诸侯罢戏下，各就国"的记载，《窦田灌韩传》则说灌夫率壮士两人，"及从奴十余骑驰入吴军，至戏下，所杀伤数十人。"看来"戏下"是指军营之中有个高高的司令台，是指挥官发号施令的地方，设有指挥的大旗，听令的兵将都在台下，所以才会衍生"戏下"这个用语。以前解释"戏"为旌旗，应该是错误的。从"戏"字可以推论，至少从西周时代开始便有商业性剧团在高台上表演节目了，我们可以利用古文字来了解未见于记载的古代社会。还有，在文明的发展历程上，中外常是相反的，中国演戏的人在高台上搬演，而西方则是演戏的人在底层，观众在四周的阶层上观看。

沣西发掘到的秦汉时代的下马角力纹的透雕铜饰牌

甲骨文还有两个字"斗、化"与表演的技巧有关，可能都源自军事的训练，以下分而论之。战场上有时会战斗到连兵器都断折，需要徒手与敌人扭斗的情况，所以军队的体能训练、徒手战斗也是必习技能，如**甲骨文的"斗"字**：𩰋𩰋𩰋𩰋𩰋，作两个头发凌乱的人，彼此用手相互打斗貌，有"争斗"的意思。像是这样徒手打斗的竞赛，犹如今日的摔角或摔跤（现今奥运会正规的比赛项目），在秦代时逐渐从战争搏斗演变成带有表演成分的游戏活动，称为"角抵"（如上图）。

汉代时"角抵"已经变成相当受欢迎的节目，不但在民间流行，连皇帝宴飨四方前来的使节，也以这个项目作为娱乐节目，有时为了增加刺激及提高观众的兴趣，斗士们会装扮成虎、熊等猛兽的样子，因为伪装后去接近野兽是当时打猎的手法之一；古时为了惊吓敌人，战士们也会扮成猛兽，用虎、豹等兽类的皮毛作为军装，想来人们也会以此形象来娱乐他人，说不定还会夹杂歌舞与音乐，呈现生动的内容。且"角抵"这个词在汉代已被用来作为杂戏或百戏的总称。

鬥（斗）

字 体 演 变

甲骨文的"化"字：作一个正立的人与一个倒立的人的样子。化的意义是"变化、变幻"，《列子·穆天子》中"化人"是指各种变幻术的表演（即今日的魔术表演），汉代时为求不单调，也经常与杂技团一同演出。甲骨文的"化"字除了表达翻筋斗（又称翻跟头）的体操活动，实在找不出与这个字形、字义有关的其他事物了。这个"翻筋斗"的表演技巧与军事有关，是因为其中需要"倒立"，而倒立是军队的体能训练所变化出来的花巧动作，现今奥运的"体操"项目也是着重此类技巧的表演。另有一看法是某些社会早期的宗教舞蹈，常表演带有魔术意味的翻筋斗，它也可能是此种娱乐的源流，倒不一定源自军事训练。另外，我们还可以扩大想象，商代或许有以娱乐他人为职业的专业杂技表演了。

下页图这件陶俑涂上一层白衣（白泥，涂抹于陶器上使表面平顺好再上颜色），原先应该是有彩绘，可惜已经褪落看不出来了。这件陶俑塑造了三人表演倒立的技巧，反映死者生前享受过此一娱乐节目，并打算将这个陪葬品带去来世继续欣赏。杂技属于百戏的种类，表演偏重在力量、技巧和危险动作的配合，这三人以不同的姿势倒立于一个圆形围栏——一口井之上。井提供饮水让居民可以使用，是人们定居生活中一个非常重要的设施，在人口繁多的城市中也是聚会的地点，想要吸引观众，水井所在之处是理想的地方，当然也是因为杂技团选择表演的场所不限定于室内。同时，井既深又有水，不慎掉落其中，可能会有生命的危险；在井上表演危险的动作无疑更有紧张、刺激的效果。

白衣彩绘三人倒立杂技陶俑，高
24厘米，东汉，公元25～220
年，河南洛阳出土

　　汉代的产业兴盛，人们有闲暇从事各种娱乐活动和文学创作，不但在
墓葬的画像石上留下当时表演的多彩形象，诸如弄壶、飞剑、跳丸、冲
狭、马戏、戏车、寻撞、履索、幻术、杂技、俳优、投壶等项目。从一些
具体的文字描写，如张衡《西京赋》，大略可见汉代乐舞杂技的扮演，不
但有歌舞、说白、化妆，也有钟、鼓、锣、笙、筝、笛、琴、瑟等各种乐
器的伴奏，表演队伍的规模相当庞大。

商代可能行
三年守丧之礼

甲骨文对于正常的死亡和异常的死亡使用不同字词表达，

而古人有尸体化成白骨才算真正死亡的观念，

其需花费三年时间。

孔子论"三年之丧"

　　古籍中多次提及中国有过为父母亲守丧三年的习俗，孔子说三年的守丧期是上自天子下至庶人的通礼，但是墨家认为守丧时间太长会荒废事务，连孔子的弟子也认为三年的时间太长。《史记·仲尼弟子列传》记载："宰予字子我。利口辩辞。既受业，问：'三年之丧不已久乎？君子三年不为礼，礼必坏；三年不为乐，乐必崩。旧谷既没，新谷既升，钻燧改火，期可已矣。'子曰：'于汝安乎？'曰：'安。''汝安则为之。君子居丧，食旨不甘，闻乐不乐，故弗为也。'宰我出，子曰：'予之不仁也！子生三年然后免于父母之怀。夫三年之丧，天下之通义也。'"

　　孔子的弟子宰予认同墨家的主张，以为三年不实行礼仪，礼仪的制度就会崩坏；三年不弹奏乐器，技术也会生疏而败坏。建议收割了新的谷子，过了新年后也就可以解除守丧，不必等那么久。孔子则解释"守丧的时间"长短是源于一个人出生后，要经过父母亲三年的怀抱和背负，才能够下地来独立自由行动，所以父母亲死亡的时候也要用同样的时间去报答他们的恩情。不过，根据一般抚育子女的经验，孩子一岁多就可以任由他们在地上行动了，很少再整天抱在怀中，所以这种解释可能不得其实，另有可能的原因。

南粤王的言论

　　不论在哪个社会，生与死的时刻，都是一生中最富有意义的时候，出生代表成为社会一分子，有诞生、弥月、命名等各种庆祝的活动；死亡则是终止所有社会活动，是总结一生事业成就、赏功论过的时候，也常常伴随着赠谥号、加官爵、建墓园等各种荣耀死者的仪式和作为。丧家往往不惜花费金钱，让死者得到适度的表扬，同时也让在世者获得满足与安慰；丧仪同时也有巩固亲戚关系与朋友交情的社会功能。但是，什么时候才算是死亡呢？

甲骨文对于正常的死亡和异常的死亡使用不同的字词去表达，似乎对于死亡的观念和现在不太一样。现在是以没有呼吸或脑死为死亡的定义，但是《汉书·南粤列传》中，南粤王却说了这么一段话："老夫身定百邑之地，东西南北数千万里，带甲百万有馀，然北面而臣事汉，何也？不敢背先人之故。老夫处粤四十九年，于今抱孙焉。然夙兴夜寐，寝不安席，食不甘味，目不视靡曼之色，耳不听钟鼓之音者，以不得事汉也。今陛下幸哀怜，复故号，通使汉如故，老夫**死骨不腐**，改号不敢为帝矣！"表明要等到肉身腐烂成为白骨的阶段，才算是完全的死亡，而在此之前，南粤王也不敢再称帝号与汉朝抗衡，同时意味着他真正死亡后就管不着儿子的作为了。这段话有助于我们了解中国古代面对死亡的处理方式。台湾也有"骨头打鼓"的谚语，是父亲对孩子强调，要等他的尸体化成了白骨，才算是真的死亡，才无法再监督孩子们的行为，否则还是得受他的管制。

甲骨文与二次葬之关联

我们先讨论**甲骨文的"尸"与"夷"字**：⟨ ⟩，其作一个人曲腿而蹲踞的样子。在商代，蹲踞形式是东夷人的坐姿，这本是人类较合理的姿势，膝盖或屁股不必接触地面，不会弄脏身体，但是中国的贵族却选择了比较不自然的跪坐方式，而在户外若不便跪坐，就只得站立。其实，蹲踞并不是有教养的人的坐姿，《论语·宪问》中有句"原壤夷俟"，即原壤以东夷人的蹲踞姿势等待孔子的到来，这是一种不礼貌的行为，所以孔子很不高兴。

"尸"字的曲腿蹲踞貌是二次葬❶所采用的埋葬姿势，但人刚死的时候躯体是僵硬的，要等到身体腐化成白骨，才能再次被收殓而排列整理成蹲踞的姿势。《说文解字》解释"尸"字是表示人卧下之形，段玉裁代为解释说是俯首曲背的形象，其实这个字是表现一人蹲踞而坐，并不是睡卧或伏身拜首的形象。

尸体化成白骨的时间有异，如果暴露于空气中，血肉很快就被分解掉，若是埋葬在地下则维持较久，但所需要的时间也依埋葬的方式、棺材的材料以及土地的性质等条件不同而有极大差异。在台湾，短则两三年，长则七八年；古代在华北，一般可能为三年。屈原的《天问》："鸱龟曳衔，鲧何听焉？顺欲成功，帝何刑焉？永遏在羽山，夫何三年不施？"台静农的注解为："《山海经·海内经》郭璞注引《开筮》曰：'鲧死三年不腐，剖之以吴刀，化为黄龙也。'……据此，知本文意谓鲧虽长绝于羽山，何以时经三年而其尸不腐耶？"明白表达尸体腐化为白骨的时间，在古代中国一般为三年。

中国古代有一个习俗，祭祀亡者时并不若今日用牌位代表，而是让年幼的晚辈坐在上位称为"尸"，用以象征祖先，并接受拜祭。《仪礼》有许多篇章述及祭祀迎尸❷的事情，《礼记·曲礼上》说："若夫，坐如

---

❶ 二次葬是指人死入土埋葬，等到尸体腐化后，掘墓取出骨骸再行择地安葬的一种葬式，中国古代人的观念是待尸体腐化成白骨，再经过一次仪式才算真正离开人间。
❷ 古代祭礼之一，先秦祭祀时，迎接由活人（死者晚辈）蹲坐扮演的祖先，并让其代死者接受祭祀之礼。

尸，立如齐。礼从宜，使从俗。"明白说"尸"为坐姿，虽然蹲踞是东方夷人的坐姿，但也是二次葬的葬姿，中国古代的迎尸应该不是取法夷人的坐姿，而是取法传统葬仪的二次葬式。祭祀时代表祖先的尸，既然以二次葬的姿势受礼拜，推测可能也是为死者举行了二次葬之后，丧事才算完毕，其才能被视为祖先而接受祭拜。

甲骨文与死亡相关的文字论述

一、甲骨文的"死"字

甲骨文的"死"字，有两类字形，第一类字形：🔲🔲🔲🔲🔲🔲🔲🔲🔲，作一个人或侧身或仰卧，躺在木结构的棺材中，有时有几个小点在人的周围，可能是表达随葬物品的样貌。矩形的方框可能是土坑或棺材；井字形的外框，应该是表现用原木交叠而成的外椁形状，这是贵族才能享有的礼制。这类字群代表正常的、一般的死亡，在商代的卜辞中最为常见，但后世反而不再使用此类字形。**较为少见的第二类字形：**🔲🔲🔲，作一个人跪坐或站立在一块已经腐朽的骨头旁边，可能是在表达哀悼，或者是即将捡骨的动作，两者都是在二次葬中才会见到的景象。所谓二次葬，是把尸体埋葬，多年过后，将血肉已腐化只剩干净的骨头挖出来，整理后再次埋葬入土的仪式；因为要把骨上残留的腐肉清理干净，这种葬式又称洗骨葬。它的起源很可能是古代有把老人送到山野，等待野兽吃剩后将骨头加以整理、埋葬的习俗，常见于新石器时代中的遗址，我们在下一章会详细介绍。

甲骨文的第一类"死"字：⿸，因为是正常死亡，可以使用正常的方式埋葬，**但第二类"死"字**：⿰，罕见于甲骨卜辞中，似乎表现不正常的情况。以前面的章节内容为例，商王曾于卜问后派遣一位老将军去远地监督某部族的军队是否顺利，卜后的预示说会顺利，但二十几天后，老将军竟然在途中不幸去世（可能是被敌人杀死。《合集》17055）。死因突然，加上死亡地点也许距离国都安阳太远，不便或不可以举行正常的埋葬仪式，只能取回其腐朽或处理干净过后的骨头回安阳安葬，所以用这个罕见的人在腐朽白骨旁边的"死"字字形来表示。

另有卜辞作"勿井有示卿死，驲来归？"（《合集》296）的刻辞。"驲（rì）"字有"驿站、传递"的意思，这次占卜大概是因名为"示卿"的人死在外地，询问是否使用传送的方法运回来安葬；还有一例是卜后的验辞结果是⿸而不是⿰（《合集》10405，旬亡祸？王占曰：[⿱（有）祟]，其亦⿱来艰。五日丁卯子口⿱，不⿸），由此得知在商代人眼中，正常的（⿸）、不正常的（⿰）死亡是有区别的，就如台湾以前有死在屋外的人不能移进屋内的习俗，可知死亡方式不同，对应方式也有所差异。后来代表正常死亡的字形与"因"字或"囚"字过于接近，未免混淆，**西周以来金文的"死"字就采用不正常死亡的第二类字形来呈现**：⿰ ⿰ ⿰ ⿰ ⿰。

二、甲骨文的"葬、宿、疾"字

甲骨文的"葬"字：⿴ ⿴ ⿴ ⿴ ⿴ ⿴，作一个人躺卧在棺椁（棺材）内一张有支脚的床上。这是正常的埋葬方式，若是不正

棺椁侧面　　　　　　　　棺椁正面

常的死亡可能也无法依此方式处理。古代的人不论贵贱，平时都睡在地面上，所以**甲骨文的"宿"字**：，作一人躺在席子上，有"睡觉"的意思；**"疾"字**则为：，作一个人躺在有短脚的床上，是"生重病"的意思，当时认为死在床上才合礼仪，若是重病就要先将人搬上去，做最坏的打算。可见古代正常的埋葬是躺在床上，如上图，其为湖北江陵九店东周墓的棺椁形式，南北朝时把棺里的床往下移到棺材下面；更晚的时期，连承棺的床也不见了。以前的台湾，每当有人病危时，就得将病人从睡房移出至正厅临时铺设的床上，称为"搬铺"或"徙铺"，否则在睡房的铺板上死去，灵魂会被吊在半空中不能超度而前来骚扰亲人。

三、甲骨文的"吝、文"字

接着，我们特别来讨论甲骨文的"吝"字，和其与不正常死亡的葬式有何关联。**甲骨文的"吝"字**：，由"口"字与"文"字构成，《说文解字》解释其义为"恨惜"，结构是从口文声。"口"这个符号在甲骨文中常指称四种意思：嘴巴、容器、坑陷或无意义的填充符号。嘴巴好像可以和"恨惜"的意义有关联，或许是造字者注意到每当人表示悔恨吝惜时，常口中啧啧作声，因此而将其联结起来；但"文"字的声母（w）属唇音，"吝"字的声母（l）属舌边音，发音部位不同，依据形声字的习惯，两者不相谐合。那么"文"字又在其中代表了什么意思呢？

甲骨文的"文"字：**作一个大人的胸上有花纹的样子**，金文的字形表现得更为清楚：胸上所画的花纹有心、口、小点、交叉等形貌，《说文解字》简化后的小篆字形为：，看不出与人体的形象有关，而以为只是交叉的花纹。其实中国人穿着衣物的历史超过万年，在胸上刻画花纹会被衣服遮盖，根本无从显示，看来最初并不是为了美观的目的。"文"这个字被用来描述高贵的死者，譬如金文、铭文常见到的"前文人、文父、文母、文祖、文妣、文报"等名词，它从来不会用来称呼活人；后来引申为文字，与有文采的事务如"文才、文章、文学"等。回到本题，"文"这个字其实是用刀在尸体的胸上刻画花纹，使血液流出，代表着释放灵魂使其前往投生，可以重新回到人间，为中国一个古代葬仪的形式，"文身"便是由其演化而来。

我们可以从"葬"字得知，正常的死亡，尸体会用有床的棺木来收殓，但"吝"字表现死者被埋在一个土坑的样貌，这就容易解释为何有"惋惜、恨惜"的意思了，是因为哀怜这个人没有死得其所，而只能挖个土坑掩埋；而"文"字所代表的释放灵魂的仪式，可能也是因为怜惜其不正常的死亡。心怀哀戚是一种抽象的情感，古人居然能够

字 体 演 变

想到利用这种习俗来表达哀怜的抽象意义，实是高明不已。

四、招魂仪式

商代开始即有招魂的仪式，当一个人于外头死亡时便会举行相关的活动，**甲骨文的"还"**（有"招魂、回来"的意思）**字**：嚮 嚮 嚮 嚮 嚮，后来改字形为：嚮。前一字形由行道 ⅛、有眉毛的眼睛 ⅓ 以及耕田的犁 ⅓ 三种形象所组成；后一字形则把犁换成了衣服：氽。

古代一般的人不常出外旅行，客死异乡的大都是士兵，而他们多是农民组成，通常会由巫师以死者使用过的犁头去招魂，然后才能安葬，但后来远赴异地的人可能不限于农人出身的士兵，也常有使者或经商的人客死在异乡，便改用死者的衣物去招魂，和台湾今天的情况相同，挥动死者的衣服并呼唤其名，把灵魂招回来安葬，并且，客死在外的尸体不能够搬进屋内来。值得一提的是，著名文学作品《楚辞》中，《招魂》《大招》这两篇就是源自招魂时所唱的歌词。

武丁亮阴（守丧）三年

中国有个著名的商代传说，最早见于《尚书》"无逸"篇："其在高宗……作其即位，乃或亮阴，三年不言。"商朝时封武丁为高宗，而在文献里，"亮阴"也写作"凉阴、

字体演变竖栏：
嚮
▼
嚮
▼
嚮
▼
嚮
▼
嚮
▼
還（还）

亮暗、梁暗"等等，有学者认为这个词是表达新即位的武丁"守丧三年，不对国政表示意见，由辅政的大臣全权处理政务"，如《史记·殷本纪》中亦言："帝武丁即位，思复兴殷，而未得其佐。三年不言，政事决定于冢宰，以观国风。"甚至有人认为《尚书·舜典》中："二十有八载，帝乃殂落，百姓如丧考妣，三载，四海遏密八音。"百姓也会为了哀悼帝尧的死亡，而守丧三年，不演奏音乐。不过也有人主张武丁是得了不能说话的病症，才三年不能言语，但那时间未免有些长，而且与三年守丧的时间也太巧合了些，私以为并非如此。

屈原的《天问》曾质疑为什么鲧❶（夏禹的父亲）死了三年还不化为白骨。《路史·后纪》："鲧殛死，三年不腐，副之以吴刀，是用出启。"解释鲧因为死后三年身体还不腐化，要使用吴刀剔成白骨；唐代的时候，李白有要事需离开四川，所以也用刀把朋友的尸体解剖成白骨，完成了丧葬的仪式。可以想象，不论服丧的形式如何，都要等到尸体化成白骨，丧事才算完成，这个过程一般需要三年的时间。后世已不详其由，才解释为三年不离父母之怀，但离不离开父母怀抱的时间是有弹性的，等待尸体化成白骨的时间较有其必然的物理性，因此才有三年之丧的习俗。

商代日干命名与捡骨时间的关联

商朝的人（起码贵族）有个习惯，死去的祖先要冠上甲、乙、丙、丁一类的天干名号，如康丁、文武丁等商王的名号；或是父乙、父丁的

---

❶ 第80页及本页引用古籍使用原字"鲧"，等于现今常用的"鲧"（大禹之父）。

亲属称号，大都认为日干名号的选定取决于诞生日或死亡日，但是近代有学者发现商王的名号多集中于甲、乙、庚等几个日干，推测不应该是诞生或死亡日期的自然现象，而是人为，因此学者们纷纷想出了种种可能的因素，甚至有人假设商干的继承权是由两个家族之间轮流，上下两代是舅甥的关系而不是通常的父子关系；我曾经论证，商王上下两代确实是父子的关系，但也不能解释为何集中在几个日干的名号上。现在才恍然大悟，原来古人说商人死后的命名是依据死亡日，但是真正死亡的日子其实是捡拾白骨那一天，而这可以自己挑选日子或经过占卜来决定，所以能够形成名号多集中在某些日干上的情况。

在卜辞中还有一种现象，祭祀祖先时绝对会使用日干的名号，如父乙、母甲、祖甲、妣庚等称呼亲人，或大甲、文武丁等王的名号来尊称，但偶尔也会见到不使用日干名的记载（下页左图）。

癸酉卜，贞：旬出祟。不于🔲（家+卢）子？四月。二（序数）

甲子卜，大贞：乍🔲子，母福罙多母若？二（序数）

这一版是第二期的卜辞，"乍"一般的意义是建筑。"🔲子"或者应该读成"🔲巳"，因为甲骨文"子"与"巳"这两个字可能同形。比较可能是要建造某种建筑物。第一卜的内容是已经得到预示，下一旬将有灾难，所以想要知道会不会发生在正打算建设的工事上。第二条卜辞与第一条卜辞有关，是询问若打算要建造此建筑物，会不会得到母福以及多母的顺诺（护佑）？绝大多数祭祀时会提到死后的日干名号，如母甲或母乙等。人死后才能接受祭祀，因此被提及的母福显然已经死亡，但仍使用生前的名字，合理的解释是还不到三年，尚未经过捡骨的仪式，所以还没有给予日干的谥号，以此佐证捡骨后才是真正的死亡，才有日干的谥号，这很可能也是守丧的表现。

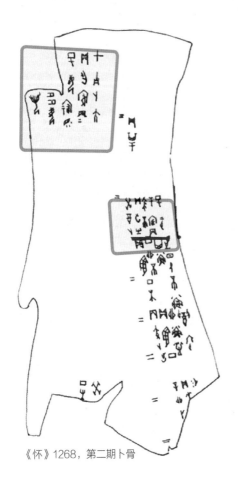

《怀》1268，第二期卜骨

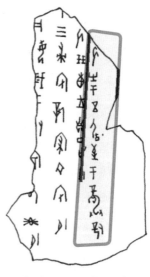

《合》24951，第二期卜骨

另外再举一例，也是第二期的卜骨（《合集》24951），其中最右边的一个占卜，辞作：

☒丑屮于五毓至于龚弓☒

虽然这条卜辞前后都有所残缺，但我们知道是使用"屮"的仪式来对"五毓至于龚弓"等祖先所做的祭祀。"五毓"是五位在正式名单上的最亲近已过世的祖先，"龚弓"显然是死去不久还未给予日干时的封号，再次验证了商代应该是捡骨后才属正式死亡、才给予日干的封号。

周祭的怪异现象

周祭又名五种祭祀，始见于第二期，第五期帝乙与帝辛的时代成为非常严谨的一种祭祀系统。共有翌、祭、载、劦（xié）、肜（róng）五种祭祀，分为翌、劦（包括祭、载）、肜三组。五个祀典连续举行，男性祖先都从上甲起，逐一祭祀到王的上一位祖先，女性的祖先则限定有儿子即位为王的，从示壬的配偶到上一位王的配偶。存有祭祀的名单，祭祀的日期都在他们谥号的日干上；全部祭祀完毕一周期大致是三百六十或三百七十天。每个祭祀都有定期，可以作为太阳年的历日看待。这个祭祀名单可以用来纠正《史记·殷本纪》的帝王名单以及各帝王之间的关系，而且这一类的祭祀往往也载明举行的年、月、日，可以用来复原祭祀实况和个别的月日，非常可靠。笔者是研究这个专题的少数人之一，这种严格系统的祭祀是帝

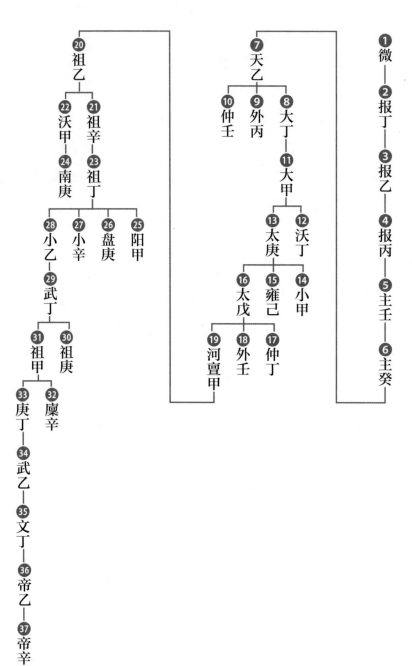

《史记·殷本纪》商王世系表

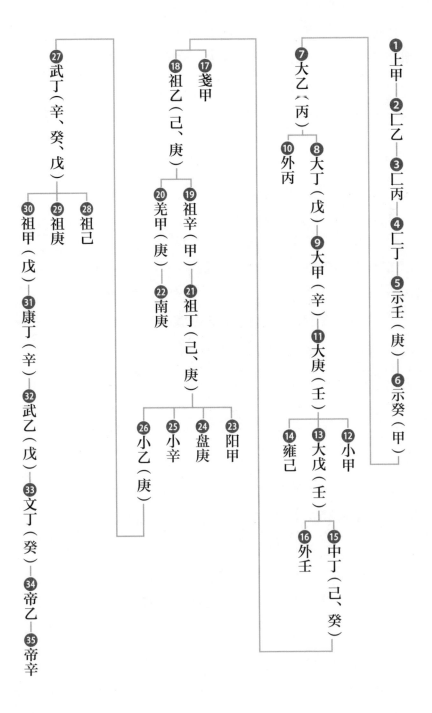

甲骨文『周祭的次序』（括号内为法定配偶）

乙才开始有的，但我却发现帝乙元年正月的祭祀已经是这个周期的中段，而且有一连串的卜辞是之前几个月份的祭祀，包括我在内，研究的人都猜不透这个现象的原因。现在才恍然大悟，原来继承的王帝乙在守丧，有摄政大臣在代行王的祭祀任务，所以才出现有帝乙元年之前的周祭祭祀卜问。

廪辛存在的问题

《史记·殷本纪》记载康丁（庚丁）的前一位王是廪（lǐn）辛，但是周祭的祀谱并无排入廪辛，也没有祭祀廪辛的周祭卜辞。看起来《史记》是错误的，现在也发现问题所在了。第三期的卜辞明显有两类：一是附有贞人名字的，刻辞的书体不同，长凿的形态也全然不同，数量也少得非常多，经常使用龟甲占卜；另一类大量的卜辞，是没有贞人名字的，书体也小而刚劲有力，都使用卜骨。以前也不晓得其原因，现在大概可以猜测到，廪辛是康丁守丧时期的摄政大臣，所以有他卜问的摄政内容，但因为不是真正的王，所以没有列入祭祀祖先的名单内。《史记》不察，把廪辛也列入商王的名单。

还有一事，周朝于周武王死后，由周公摄政三年才归政于周成王，此后再也没有摄政的事例。而世称周公制礼作乐，很可能是后来的王不再守丧，也没有摄政的设置，这就是周公制礼的重要内容之一。

小结

　　因为古人有尸体化成白骨才算真正死亡的观念，这在华北一般需要耗费三年时间，也有在吉日捡骨的习俗，所以才有死后名号集中在某些日干的违反自然死亡的现象。基于以上所提出的几种现象，可以合理推测在商代，起码是贵族的社会中，已经有守三年丧期的风俗。

捡骨风俗的源流

中国古代有将老弱之人送到山野，

让野兽执行放血释出灵魂的工作，等它们吃完肉以后，

再捡回骨头加以埋葬的风俗。

中国古代为双亲守丧三年（后来缩短成25个月，没有违背跨前后三个年头的原则）的习俗，多半是基于捡拾尸体化成白骨后再次埋葬（二次葬）的时间，而在华北地区，尸体化成白骨大致需要等待三年。其实在国外，二次葬也很普遍，但却不见有形成长期守丧的习俗，令人不禁思考其中原因。中国在华南的湖南道县玉蟾岩一万年前的遗址中，发现了稻谷的遗存，经过电镜分析，有一粒确定为栽培品种，尚保留野生稻、籼（xiān）稻及粳（jīng）稻的综合特性，是目前世界最早的人工栽培稻标本。保守估计，在10000～12000年前华南已有人工栽培植物，是世界最早的农业发祥地之一。后来因为气温急遽上升，人们往北发展寻找合适的耕地，有一支队伍在8000年前到了中原，建立了裴李岗文化，改为小米耕作，为后来的华北文明奠立基础。呼应二次葬习俗，我们不禁推测，难道是因为中国早已发展农业，可以固守家园，不像游牧民族必须四处找寻粮食，所以才能长时间守护亲人的尸体吗？

在古代，人的死亡除了自然或生病的原因以外，还有人为的暴力加害。在中国，击杀老人的习俗，可以追溯到几十万年前的北京周口店猿人，其实外国的旧石器遗址也常有老人的头盖骨被人用利器击破的例子。很多学者以为，几十万年前的社会，不会因为经济因素而杀老人，击破头盖骨是人吃人的现象；或者认为吃人肉并非由于饥饿，而是古人以为吃了别人的脑可以增强个人的精神魔力；当然，也有可能是为了经济或对他人有利的不同考虑。

上古人类生产力低下，粮食经常匮乏，尤其是在疾病流行或部族迁徙频繁的时候，病弱的老人往往建议把自己杀了喂食同胞，解除族人饥饿的危机。对于那些老人来说，能对大家有所贡献，也是一种解脱，要比病死而腐朽于地下安心得多。不过，以上的看法仍有待商榷。

在遥远的古代，争端少，不应该有那么多人因为战争的缘故被打死。

而且在古代50岁已算古稀。依据统计，旧石器中期有一半的人死于20岁以前，旧石器晚期则有三分之一的人死于20岁，只有十分之一达到40岁。8000年前，依裴李岗的墓葬年龄统计，80人中，最年长者为41岁，只有两人，两岁以前者36人，就算到了周代，56岁以上的也只占了7%；很显然，在那个时代，50岁算是很老，不容易照顾自己的生活了。

至少有7000年历史的广西桂林甑皮岩遗址，发现了14具人的头骨，其中四具头骨有明显的人为伤痕，是以棒状物或尖利器物劈削，或以尖状的器物猛力穿刺而产生，骨头的年龄都在50岁以上，其他年轻人的头骨并没有这种现象。显然这几个甑皮岩老人，都是因为年老力衰，难以照顾自己的生活，而由子孙执行再生的仪式；被杀的人没有感伤，执行的人也不觉得有罪恶感。类似的习俗还保留至晚近时代，基于这样的理解，我们再来讨论甲骨文的创意。

甲骨文的"微"字：作一只手拿着一根棍子从后面攻击一位长头发的（老）人。**金文的"微"字，字形和结构与甲骨文相同：**《说文解字》论"微"字："眇也。从人、从攴，豈省声。"省声的说法绝大多数是对讹误字形的误解。"微"字是一个表意字（下一段详述），不是形声字，被打击的人，头发是松散的。这比较是老人的形象，一般人的头发稠密，都使用一根笄把头发束紧使其不松散，老人的头发可能已掉得稀稀疏疏，所以不加束紧，任其竖立起来。**甲骨文的"老"字：**作一位拿着拐杖而头发松散的老人，或戴着特殊的帽子或头巾形。**"孝"字首见于金文，作一位**

老人以手搭在小孩头上之状：甬 夆 夅 夆 夃 夆 夆。大概表示小孩
扶持不良于行的老人，或者也可能表现老人关怀孙儿之情。在
北京，孩子又叫拐子头，因为老人需要小孩扶持牵行，作用如
同拐杖。小孩子扶持老人是一种他们能做的孝心行为，所以取
以造字。

《说文解字》称"散""微"字有两个基本含义：一是眇，即
眼睛瞎了；一是私下或隐秘的行动。"散"字虽然也有"眼睛瞎
了"的含义，字形却没有画出来，从文字创造的手法推测，应该
是因不容易使用实体描绘的方式来表达眼睛瞎了，所以需要借用
某种习俗来代表。老人的视力可能已经不良，在生产效率不高的
古代社会，必须杀死老人以减轻家庭的经济负担，以此形象取代
为眼睛瞎了的意思。至于"伪装、秘密"等含义，可能是因为实
行杀害时不让老人知道（所以字形作从背后攻击），或不在公众之
前施行。同时，因为受到棒打的可能都是体弱且有疾病的老人，
所以也有"生病、微弱"等含义。《说文解字》所列举"杀"字的
古文：粆，与甲骨文"微"字的字形几乎一模一样，微字应该是
个被误释的字，至少也包含有杀的动作。

生与死的现象，是古人无法理解的诸多事务之一。同时，
他们认为万物皆有精灵，死后精灵也有某种生活形态，并不是
永久的死灭。既然生与死有这样的变化，那么灵魂是如何离开
身体的？就不能不想出个答案来。古人看到皮肤破裂流血，失
血过多会死亡，这种观察可能导致他们相信，要获得新生命，
就得让血液从身体流出，灵魂才可以随着血液逸出体外，重新
投胎出世做人，因此很多民族都有"不流血的自然死亡是不吉

字 体 演 变

老

南

孝

奉

奉

莺

高

高

孝

红衣黑彩人面鱼纹细泥红陶盆，口径 44 厘米，高 19.3 厘米，陕西临潼姜寨出土，半坡类型，6000 多年前

利"的原始想法，因为灵魂若得不到解放，就会导致真正的死灭，所以很多人不怕死，只怕不得其法而死。

上图为距今六千多年前仰韶文化的红陶盆。

这个盆的形状是底部平而略小于口，腹部略外鼓，口部卷唇外伸。盆一般为盛水、食物的容器，但是这个盆造型甚大，制作讲究，不像是一般家庭的日常用器。仰韶文化中，彩陶数量非常少，彩绘的涂料大都是烧制以后才涂上去，颜料因会溶于水或沾在食物上，所以也不会是日常的用具。此类的大口盆常在底部凿出小孔，有学者认为这种盆是覆盖死者的二次葬用具，小孔与灵魂跑出体外的信仰有关。陶盆上的红涂料多半是含氧化铁的赭石，在古代算是珍贵的矿物，仰韶社会中可能是高阶层的人才有办法使用。很多社会中，红色被用来代表生命，因此赭石有时也被磨成粉，撒在尸体四周，当作一种流血出魂的表现。

身体不破坏，灵魂就没有办法从身体逸出而前往投生（投胎），重新回到人间。使人流血而死最简易的方法，应该是使用暴力，所以对古人来说，以老弱病残的身躯更换一具新生健康的身体，没什么可遗憾的，因此"微"字才表现了中国古时把老人打死使其超生的习俗。在文明人看来，是很不人道的野蛮行为，为法律、人情所不许，但是在那个释放灵魂才能前往投生的时代，打死亲人是为人子者应尽的孝道，否则死者灵魂会因不能再生而骚扰亲人，成为全家真正的不幸。

民俗调查员在四川省发现两则同一出处的故事，反映当地以前有杀害老人而食其肉的习俗。故事叙说某个老人在屋顶修补茅草盖，其子在屋下烧开水，大叫父亲下来，以便烹煮以飨宴村人。父亲回答说他尚有谋生能力，请儿子晚些时日再执行，但儿子回答父亲已吃了他人的肉，现在轮到他回请的时候；父亲觉得无可辩解，只好下屋顶来接受烹煮的命运。另一则故事则是父亲要儿子杀一头牛以代替他，从此该乡的人逢丧就宰杀一头牛来宴请村人，不再杀老人了。从这两则故事可以推论古时有杀害老人、解放精灵以投生的古老传统。

公元前3世纪，屈原于《楚辞·天问》中有"何勤子屠母而死分竟地"（鼓励孩子杀了母亲而把尸体四处分散）的反问，可能是楚国宗庙的壁画上，有夏朝的国王——启——杀害自己母亲的故事，屈原不了解这种古代的习俗，才对上天提出质问，何以做出这种大逆不道行为（杀害自家的老人）的人，还被认为是贤良的君王。后世的好事者更造出神话，说夏启的母亲怕被整治洪水的丈夫夏禹见到，就急走，被追急了就变成石头，因为夏启的母亲即将临盆，所以石头就爆裂而生出启，等同于是启杀了自己的母亲，并使得尸体分散于数地。

后来社会的文明程度提高，人们不忍心亲手杀死年老的亲人，就改为把老弱之人送到有野兽出没的山野，让它们来执行放血释出灵魂的工作，等野兽吃完肉以后，再捡回骨头加以埋葬。

　　汉代有一则故事，原谷帮父亲一起把祖父抬到山上去丢弃。当原谷把担架带下山时，父亲问他为什么要把担架带回来，原谷回答说是要留待将来抬父亲到山上；父亲不愿自己将来被送上山，孤零零地等待被野兽咬死，因此就把祖父又抬回家奉养，原谷因此获得孝孙的好名声（如下图）。

东汉及北魏石像上所画孝孙原谷的故事

北美洲因纽特人到晚近时候仍有丢弃老人的习惯，这是很多人都知道的；日本也有同样的习俗，表现在有名的小说《楢山节考》当中；著名作家井上靖也曾提及母亲在小时候跟他说过这样的故事。

渐渐地人们又觉得，把老人送到荒山郊野等野兽来咬死是种不仁的行为，就改为等到老人死后才丢弃荒野，过些日子再去捡回已被野兽吃剩的骨头加以埋葬。战国初期的《墨子·节葬》有云："楚之南有炎人国者，其亲戚死，朽其肉而弃之，然后埋其骨，乃成为孝子。"（楚国的南方有个国家叫炎人国，有亲人死了，就丢弃等到肉体腐朽了，再捡拾骨头加以埋葬，这样才能成为孝子。）指的就是这一类的葬俗。

《说文解字》讨论与捡骨丧俗有关的"叡"字："，沟也。从𣦼、从谷。读若郝。，叡或从土。"**小篆的"叡"（壑）字：**，原先由三个部件合成：一只手、一块枯骨、一个河谷，代表用一只手捡拾在深谷的白骨。深谷是一般人不去的地方，是丢弃尸体的好场所，人到深谷，常是为了捡拾亲人的骨头，所以使用这种习俗作为造字的创意。更早的时候，使用手捡拾骨头，即足以表达深谷的意思；后来加上"谷"的部分，只是使意义更为清楚而已。

甲骨文的"𣦼"（残）字：，表现一只手在捡拾一块枯骨的样子，尸体被鸟兽所吃剩的骨头大半不能保留完全，而是残缺的，这是常见的景象，借用来表达"残缺不全"的意义。《说文解字》："，残穿也。从又从歺。凡𣦼之属皆从𣦼。读若残。"用残穿来解释"𣦼"的意义，很可能是将四散的骨头收集

字体演变

残

起来后，用绳索串连，这样埋葬在土中或安放在瓮中都比较方便。台湾早期的习俗也是使用红线把骨头串连起来，然后再次埋葬，后来更为了不占用有限的土地，同时也节省费用，就把骨头火化后放在小瓮中了。

不论是自然腐化或是让鸟兽吃食，残骨都不会是干干净净的，还要加以整理，清洗骨头使之干净，所以二次葬又称为"洗骨葬"。《孟子·滕文公上》曾言："盖上世尝有不葬其亲者，其亲死，则举而委之于壑。他日过之，狐狸食之，蝇蚋姑嘬之，其颡有泚，睨而不视……盖归反藥梩而掩之。"（上古的时候，曾经有不埋葬亲人的例子。亲人死，就把尸体放到深谷去。某天经过，看到狐狸在啃食，苍蝇一类的也在叮咬尸体，让人看得额头冒汗，不忍心看下去……就回家拿锄头、簸箕加以掩埋。）说明了由于不忍见到尸体受鸟兽摧残的心境，才改良为埋葬的方式。

中国某些地区的少数民族则将此习俗保存得更久，例如东北地区于人死后，将尸体高挂于树上，让鸟啄食腐肉，或丢弃原野让野兽去吃，如果捡回的骨头没有被吃得很干净，还有肉残留着，表示此人生前有罪，家人就会大为不安。西藏的富裕人家甚至要延请僧人割下肉块、连头骨也会捣碎并混合食物以之喂食鸟兽，务求不留下痕迹。

甲骨文的"吊"（弔）字： 作一个人（↑）的身上被绳索捆绕的样子，也有人身简化成一直线的例子。东北地区在人死后，将尸体高挂于树上，让鸟啄食腐肉，然后把剩下的骨头埋葬。这不是处罚罪犯的方法，如果是惩罚就会让其多吃一点苦，例如使用倒栽葱的方式。《说文解字》云："弔，问终也。从人、弓。古之葬者，会厚衣之以薪。故人持弓会驱禽也。弓，盖往复吊问之义。"把绳索误会成弓箭，以为使用弓箭来驱赶禽鸟使其离开尸体，加以保护，这就和最初创造此字的用意完全相反了。

广东和台湾地区，不久前还保存着"盖水被"与"点主"这两种丧葬仪式。现在恐怕很少有人知道它们源自何种习俗，有多久的历史了。

盖水被仪式的"水被"，是指一块五尺来长、两尺多宽的白布，在中央缝上一幅等长而一尺多宽的红布。在入殓之前，要先由孝子为尸体盖上水被，然后再轮流由其他亲人向尸体盖被。至于点主的风俗则流行甚广，现在很多地方都还在实行，请一位有名望的人，在预先写有王字的神主牌上，用朱笔点上一点而成为"主"字（代表祖先灵魂驻扎的地方），完成埋土之前的仪式。这些特殊的埋葬仪式之所以形成，也和棒杀亲人的习俗有关。

由于人们有恻隐之心，埋葬习俗从棒杀老人演变至遗弃老人于山野，让鸟兽代替人们杀死老人，再演变到待人死亡后将尸体送到没有人迹的野外，虽然有了以上的演变，但是基于必须流血而死的礼仪观念，丧葬仪式中可能就会以红色的东西代表血。

6000多年前的仰韶文化与其后的墓葬仪式中，朱砂是常见之物；在商代，士族或稍具规模的墓葬里，几乎都可见红色朱砂的使用，只有奴隶或低阶民众才没有，这种现象不仅发生于中国新石器以来的墓葬，也可见于国外的墓葬，所以是全球性的现象。比较合理的解释是红色代表血，表示释放灵魂、赋予新生命。18000多年前的山顶洞人遗址中，尸骨周围发现撒有赤铁矿的红色粉末，由于这个遗址年代太早，难以断定那时候是否已经发展到以红色的东西象征血的宗教意识。

台湾和广东等南方区域有"水被"和"点主"的丧葬习俗，反映的是亲自杀死亲人的上古遗俗。有些地方的"点主"仪式，孝子要使用中指的血点触白骨，此与将血自身上流出体外以释放灵魂的远古观念表现一致。广东连南瑶族的洗骨葬，是将鸡血或儿子指头的血滴在头骨上，也具有打击头部的象征意义，血是液态的，所以称为"水被"。

甲骨文反映的
先进产业

从甲骨文的字形，

我们可以推论出一些关于商代的产业知识，

有些甚至未记载于古代文献。

从甲骨文的字形，我们可以推论出一些关于商代的产业知识，有些甚至未记载于古代文献。工具使人们能够从事超越自身体能的工作，也让获取原料更为容易，从而提高生活水准；生活水准的提高复又刺激了改良工具的需求，所以工具越精良，生活越见改善，文明的程度就益发提高。学者常以工具的材料作为社会阶段的分类——"石"进而"铜"，再而"铁"，中国也有人以之为"氏族社会""奴隶社会""封建社会"等三个阶段的划分。商代处于青铜器阶段，是辉煌的青铜器时代，当时的铁可能由偶然发现的陨石加工而成，技术尚不纯熟还不能随意制作。战国才进入铁器时代，产业效率高，也是一个工艺高峰的时代。甲骨文反映的是当时最高端的青铜产业。

青铜器物的铸造大致要经过三个步骤：炼矿、制范和熔铸。炼矿是把矿石提炼为金属粗料的第一个步骤。但是，在熔炼矿石之前，当然要对其有所认识并加以开采。人们从旧石器时代以来就开始寻找各种坚硬的石材，但石材有各自不同性质，且多深藏地下，不容易在地面寻找到，而以石工具挖掘的效率也有限，早期大概还不会积极深入地中去挖掘石块，是到了有阶级的社会，需要以某些衣着装饰物表达高人一等的地位时，罕见石头的价值才受到重视。玉在中国是难得之物，可作为佩带的装饰物，示人以财富，所以被选为高贵者的表征，人们也就越来越希望可以得到那些能够琢磨成美丽饰物的玉石，它们有些被水冲落到河边，不用费力便能捡拾；有些深藏于山中，要相当费力才能挖掘出来，矿石的发现可能也有得力于探求玉石的地方。

璞字的含义是未经加工的玉璞，也用以表示未经冶炼过程的粗矿石。**甲骨文的"璞"字**：𤫌𤫌𤫌𤫌𤫌，作双手拿着一把挖掘的工具，于深山内挖掘玉石并将其放置于竹筐中的样貌。这个字于卜辞中常作"扑周"的词句，意思为"征伐周朝"，可以判断最先是把高峭的山形省略，接着省略篮筐，又把手拿的挖掘工具类化为"糞"，之后成为"璞"字。商代的玉料大多来自现在的新疆地区，可以想象于商国地域，在深山里挖的应该是铜矿。**另外还有"弄"字：**冏 闠 𤔲 弄，则作于山中挖到了玉璞，不胜欣喜而双手捧着把玩的样子，所以有"玩弄"的意义。这两个字都表明了至少在距今3000多年前，中国人已有深入山中挖矿的经验。

矿石的颜色异于一般的石块，稍有经验的人就不难辨识。如孔雀石为绿色，蓝铜矿为蓝色，赤铜矿为红色，自然铜为金红色。矿石多深埋于山中、地底，要深入挖掘才可以取得。矿源要经过长时间的开采才会竭尽，如湖北大冶铜绿山，依据学者对某些矿井木支架所做的碳-14年代测定，可得知其早于商代就在此山开采铜矿，到战国时代被废弃时，估计已有4000吨以上的红铜被熔炼。铜绿山的采矿遗址附有很详细的报告，地底坑道也只达50多米；另外在湖南怀化的麻阳铜矿，矿井则深入地底达400米。《汉书·贡禹传》记载贡禹上书皇帝，说当时采铜矿有深入地底达数百丈的，由此可以得知，时代越晚，浅露的矿床越难找，就得越挖越深。

以古代的工具挖掘山石相当不易，所以人们尽量避免去挖掘没有熔炼价值的土石，并且在可能的工作范围内，尽量使坑道窄小。矿床由于沉积条件的复杂，多是弯曲、高下不平的，所以矿井多歧道，犹如迷宫。此外，挖掘山石会激起很多灰尘，工人们边挖边敲，淘选出富矿石者才运出坑口，以减少搬运所费的力气，工作产生的灰尘增加了空气混浊的程度。同时，矿井挖得深会引起不同方面的危险，一方面是矿井内的温度与压力的变化，越深入地下，压力越大而温度越高，空气也不易流通而有氧气不足、呼吸困难的问题，在那种又热、又湿、呼吸不易的环境下，矿工要尽量少穿衣物，有时几乎是赤身裸体；另一方面又有瓦斯中毒的可能，工作环境恶劣。矿井里呼吸困难的程度可以从金文的"深"字看出。**金文的"深"字作有木架支持的坑道中⋀**，有一站立的人张口喘气，冷汗滴下，难以呼吸的样子：☒ ☒。稀薄及污秽的空气是深坑道中常有的情形，所以用此来表达"深"的意义。深与浅的意义是相对抽象的概念，创字的人利用这种情况来表达深的意义，想来深入地底也是甚为普遍的知识。

古代不但工作环境差，而且生命时时会遇到矿井崩塌的危险，现代采矿的技术和安全设备都不是古时候所可以比拟的，但事故还是时有所闻，在尚不重视劳工福利的古代就更不用说了。采矿的辛苦和危险可以从金文的"严"字看出：☒☒☒☒ ☒☒，其有"山岩"及"严厉"两个含义。字形作一手拿着挖掘的工具在山岩里面挖掘矿粒，并放入提篮中以待运出穴道的样子，而且山岩之上已经摆放几个运出的提篮：☒。采矿多于山中进行，所以此字有山岩的含义；其管理严格且工作辛苦，所以也有严厉的含义。后来为分别其用法，才加上山字而成为岩字（巖）。**金文的"敢"字：☒☒☒☒☒**，则是把严字的山岩部分去掉，只留下一手拿挖掘工具以及一个篮子，表示采矿不是容易事，如果不是被迫，就要具有相当胆量的人才会从事，

字 体 演 变

☒
▼
☒
▼
☒
▼
☒
▼
☒
▼
嚴（严）

一样还是强调其辛苦与危险性。

采矿显然不是一般人所乐意从事的，有些学者认为工人经常是被迫的，在商代或更早以前，矿工可能主要由罪犯、俘虏、奴隶等充任。中国古时有刖足的刑法，是为了防止犯罪者有反抗能力，但又要保有其工作力的惩罚，它可能起源于要控制奴隶去从事矿石发掘的措施。为了方便洗炼、熔化矿石，矿冶场通常设在林木众多的山区，但茂密的林木易于隐藏，不利防止罪犯的逃跑，所以使工人跛了脚，就比较不容易逃远，而且在坑道中，正常人也难以行走，工作能力不比跛脚者强太多，因此可能是会用这种办法来控制矿工。后来为了人道关系，较少肉刑，就需要发展有效的控制及组织的方法以防止其逃亡。前已言之，有些学者认为对于金属热切的需求，促成控制和管理人众的能力，并进而促使了国家组织的早日完成。

铸造青铜器的最后一个步骤，也是最困难的地方，在于使作品成功且精良。以前论及商代铸造工艺的文章，都只讲述安阳地区发现很多坑洞，坑洞里头发现铸件后所遗留的型范残片，但都不知道理何在。后来我从甲骨文的"吉"字，领悟到为何要在深

坑中铸造器物的原因。今日的科学实验证明，于浇灌铜液后，如果让型范冷却得太快，铜与锡的整合就会乱七八糟，不规律，如上页左图所示（●灰色的部分表示铜，●黑色的部分表示锡）。

如果慢慢冷却，可以使得铜与锡的合金成分充分整合如树枝状（如上页右图），可使得铜铸件的表面光滑无气泡，这是人们想要的良好成品的外相。

再讨论回**甲骨文的"吉"字**：🜪，作深洞中有一个型与范已经套合的样子；字形慢慢规律化，把深洞画成如口的浅坑：🜪；接着把型与范的形象更为简略：🜪🜪；之后成为**金文🜪与小篆吉的字形**，但此时就很难猜测这个字有表现冶金的经验了。铜器于浇铸后置于窖穴内慢慢冷却，才能得到表面光滑的好铸件，因而产生"良善"的意思。充分表现商代的铸铜工匠已经了解，如果在平地上浇铸，散发的热气会被吹散，很快冷却，就得不到良善的铸件；如果在深坑中浇铸，热气不容易散开跑掉，就可以得到精良的成品。这是有了显微镜以后才能观察到的细节，商代不可能知道铜与锡整合的原因。但起码知道要在这种条件下才能得到精良的铸件，所以才在此原则上创造精良、吉善的意义。如果没有这个甲骨文字形，我们怎么能够知道商代的工匠已经有这种知识，而且可能是相当普及的资讯了。

西周甲骨文的"则"字：🜪，以一个烧煮食物的鼎与一把切割的刀来组合表意。在商代，青铜鼎是祭祀神灵时使用的器具，外观必须辉煌耀眼，增加祭祀时陈列祭品的美观。青铜刀则是实用的切割工具，必须锋利、耐磨。要让一件铜器美观或锋利，取决于铜与锡合金的不同比例，对于器物的性质有不同需求，原料就须采不同的合金比例标准，才能铸出理想的器物，所以就以一鼎和一刀来表达"准则、原则"等的抽象含义。

金文的"则"字：𣂁𣂁𣂁𣂁𣂁𣂁𣂁，结构也是一鼎与一刀，但是鼎的字形渐渐变化，接近金文"贝"字：𣂁的字形，最后变成一贝与一刀的结构。《说文解字》云："𣂁，等划物也。从刀、贝。贝，古之物货也。𣂁，古文则。𣂁，籀文则，从鼎。"解释为使用刀把一枚贝切割成多等份的意思。但是，海贝的外壳坚硬，不是商代的青铜刀所能切割得动的，这当然是基于错误的字形所做的解释。现在有了甲骨文与金文的字形，很容易看出从"鼎"字变化成为"贝"字的过程，就理解"则"字原先是从鼎从刀的结构。

古代文献对于青铜合金成分与性能之间的关系，讲得最为明白的是战国晚期编辑的《考工记》。它对于合金的成分有如下的记载："六分其金而锡居一，谓之钟鼎之齐。五分其金而锡居一，谓之斧斤之齐。四分其金而锡居一，谓之戈戟之齐。参分其金而锡居一，谓之大刃之齐。五分其金而锡居二，谓之削杀矢之齐。金锡半，谓之鉴燧之齐。"这六种不同器物的合金配料，因为对于金字的解释不同，所以对于铜与锡（包括铅）的比例共有三组不同的意见。传统意见的六齐，见下表。

	铜	锡
钟鼎比	83.4%	16.6%
斧斤比	80%	20%
戈戟比	75%	25%
大刃比	66.7%	33.3%
削矢比	60%	40%
鉴燧比	50%	50%

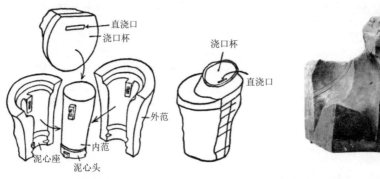

浇口杯（三角形）与型范（长方形）
套合后的形状（右图）

鬲陶范的残片，长23厘米，宽24厘米，郑州出土，商早期，公元前16世纪至前14世纪

　　现代实验结果，当锡的成分占17%～20%时，青铜的质料最为坚韧，适宜铸造斧斤、戈戟等类的物件。当锡的成分占10%～40%时，硬度最高，宜于铸造大刃、削、杀矢等需要锋利度的器物。又，锡的成分增高时，青铜的颜色也由赤铜、赤黄、橙黄、淡黄而变化至灰白。钟鼎要求有辉煌的赤黄颜色，陈列出来才美观高贵，所以含铜的成分要高超过90%。刀子需要锐利耐磨，需要约14%～17%左右的锡。镜子则要求有良好反映效果的灰白颜色，所以铜镜含锡的成分也要很高。各类器物的铸造各有一定的合金比率，推测商代的工匠已有相关的知识。

　　古代没有仪器可以分析一件器物的合金成分，控制合金的分量大致要凭工匠长期累积的经验，最有可能是观察炉火的颜色。《考工记》有对炉火温度变化的观察如下："凡铸金之状，金与锡黑浊之气竭，黄白次之（黑浊气是挥发性不纯洁物质的氧化。黄白气是由于锡先熔化，呈黄白色）；黄白之气竭，青白次之（温度提高，铜的青焰色也有几分混入，呈现青白色）；青白之气竭，青气次之（温度再提高，铜全部熔化，铜量比锡量多，只有青色了），然后可铸也。"充分体现工匠长期在炼炉前观察精炼过程的火焰颜色变化。今日常以"炉火纯青"表达高超的技艺，就是源于这种作业的观察。《荀子·强国》："刑范正，金锡美，工冶巧，火齐得，剖刑而莫邪已。"（型与范的套合正确，铜与锡的成分都很美善，冶铸工匠的技术巧妙，火焰的纯青成色也得到了，剥开型范就可以得到有如莫邪名剑的作品了。）反映出金属的合金成分和火焰的颜色在整个铸造过程的重要性，以及这种概念的普及性。

　　接着来谈水运的问题。古人在没有迁移到平地居住以前，没有使用交通工具的必要，不良于行的人就麻烦别人背负着走。一旦发展到平地来居住，路途遥远的地方，多些时日就可以到达，也没有借重交通工具的迫切感。但是居住于湖泊池沼地区的人们，面对不可跨越的水流，就要想办法制作跨越河流或在水上行进的工具，以便在水上捕鱼，或到隔绝的远地寻找生活所需的物资。舟楫是该地区人们必要的谋生工具，理论上舟楫的发展会早于车驾，商代有结构精美的二轮马车，应该也早有舟船的使用了。

联结己字纹青铜圆鼎。青铜刀，
长 12.5 厘米，甘肃东乡县出土，
马家窑文化，公元前 2000 年

鼎，高 33.9 厘米，商代，公元前 14 世纪至
前 11 世纪

甲骨文的"舟"字：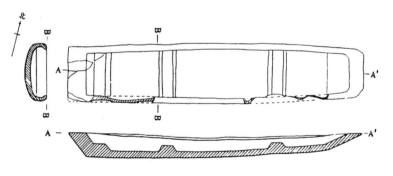，很容易看出是描绘一条舟船的样子。舟字外框的线条是弯曲的，应该是鸟瞰的平面形象。但这不是独木舟所能形成的形象，应该是使用很多块木板所组装、编联起来的样子。**金文的"舟"字**：，线条稍有省略。小篆的字形则把船一端的线条变歪曲了，《说文解字》："月，船也。古者共鼓、货狄刳木为舟，剡木为楫，以济不通。象形。"许慎知道舟字是个象形字，虽然提出共鼓货狄挖断木头而成为独木舟，但没有说清楚这个字形已经不是表现早期独木舟的形象，而是后期以木板组装的船形了。

水运的速度可以比陆运快上十倍，《史记·淮南衡山列传》记载伍被向淮南王刘安献上谋策："上取江陵木以为船，一船之载，当中国数十两车，国富民众。"（一艘船的装载容量，可以比得上中原国家的数十辆牛车，所以国家富强，人民众多。）水运有如此的好处，载重量是车辆的数十倍，速度是十倍，不论军事价值或经济价值都很明显。《尚书·禹贡》述说夏禹时代各地上贡土产的路线，只有找不到合适水路时才采取陆路。既然中国人很早就开始造船，当然会有和制作船只相关的古文字。

距今三千至四千年的独木舟

　　甲骨文尚未见到"造"字，金文则有多样的字形：⍁ ⍁ ⍁ ⍁ ⍁ ⍁ ⍁。从文字学字形演变的规律来看，⍁应该是最早的字形，由 ∩ 与 𝄇 两个构件组成。∩ 在古文字中常见，是一座房子的外廓形状。"造"字是表达屋了里有　艘船的状况，以此来指称"制造"的含义，创意应该是来自在造船厂内制造船只。虽然船是航行于水上的交通工具，一般尺寸很大，不会是屋内摆设的家具，也不会把船只保存、停放屋内。屋里有船只，是造船厂在制作船只的阶段才有的景象，一旦船只制造完成，就要进入水面航行了，"造"字的创意很容易了解。

　　在文字演进的历程上，为了读音方便，往往在一个表意字的字形加上一个音符而成为形声字。所以⍁⍁是进一步加了告声（ᙧ ᙧ）的形声字。有人不了解此字的创意，就把屋子的部分舍弃，简化为：⍁，以至于在结构上就成了从舟告声的形声字了。再进一步，可能因为制作的东西有别于船只，有人就写成制造兵戈的：⍁，制造金属的器物：⍁，制造交通、旅行类的器物：⍁，或是用金钱（贝）购买的：⍁。《说文解字》云："⍁，就也。从辵，告声。谭长说：造，上士也。⍁古文造，从舟。"所标示的古文字形就是金文的字形，现在只选用小篆的⍁这个字形了。因为原来造船的字形已经不见了，所以许慎在解释时，没有采用常见的"创造、制造"含义，而说是"就也"（亲近、到达）或"上士也"（高级军官），显然都错了。

　　甲骨文虽然没有"造"字，但有"朕"字可以推论出商代有很好的造船技术，应当也有造船厂了。朕字在商代已经假借为第一人称代词使用，但它一定有字的本义。幸好《考工记·函人》使用朕字表达甲胄缝缀的隙缝之意，这就能让我们理解创意了。**甲骨文的"朕"字：**⿰ ⿰ ⿰ ⿰ ⿰ ⿰，作一只舟的旁边有两只手拿着一件工具的样子；金文"朕"字的字形：⿰ ⿰ ⿰ ⿰ ⿰ ⿰ ⿰ ⿰，变化则比较多，结果就成了小篆的"舟"部旁有个双手持火的形象。人类最先是利用浮木来漂流，之后渐渐了解挖空木头，不但可以增加空间也会改善稳定性，后来才知道使用很多块木板拼接而成的船只效果更佳。浙江余姚河姆渡的遗址已经发现企口板，所谓企口板是在木板的两侧各开凿出企口来，用以容纳另一块有梯形截面的木板，让两块木板可以紧密衔接成像是没有隙缝的平面。但实际上水还是能够从缝隙渗透进来，船终究会下沉。可以推论，朕字与造船技术有关，其由船板的缝隙引申为一般的缝隙，再假借为第一人称代词。所以朕字一开始是表现，使用双手持拿工具在填塞两块船板间隙缝的样子，才能表达"隙缝"的意义。

欧洲某些地方是在木板上穿孔绑绳子，然后再使用特殊的树皮塞进隙缝，树皮一碰到水就会膨胀得没有空隙，船只便可以安然航行于水上。但是中国并没有木板穿孔等记载，那么一定是另有办法。同样在浙江余姚河姆渡一个5500年前的地层中，出土了一件有红色涂料的木碗；上海青浦的一个5500年以上的遗址，也发现一个有彩绘的黑皮陶豆，经过红外光谱分析，证实是生漆的彩绘。这些遗址都在适宜漆树生长的潮湿地区，应可认定中国地区确有使用生漆。生漆的漆液取自漆科木本植物的树干，经过脱水加工提炼，成为深色黏稠状的液体。把这种浓稠的漆液涂抹在物体表面，等到溶剂蒸发后即成为薄膜，薄膜具有高度抗热和抗酸的功能，因此这类生漆也可以作为黏着剂，用来填补缝隙并使木板并合的地方不会渗水，符合造船的需求。理论上，5000多年前，中国已具有制造舟船的必要技术和物质。舟船在古代，体积很大，造价昂贵，不会作为陪葬品放在坟墓中，墓葬是发现古代器物最常见的地点。我们虽然还未发现商代有木板组合的船只实物，但是从甲骨文的朕字，可以推论商代已经使用多块木板组合来制造船只了。

商代的歌舞表演

音乐有安慰、欢娱、激励、挑拨或者使人感受畏惧的作用，

它是人们劳动以谋取生活之余，帮助消除疲劳、

舒展心情、交欢结好的活动。

音乐可以有安慰、欢娱、激励、挑拨或者使人感受畏惧的作用，它是人们劳动以谋取生活之余，顺应生理及心理的需要，帮助消除疲劳、舒展心情、交欢结好的活动。音乐活动是今日人们生活中所不可缺少的节目，它的形式包罗万象，可以是吹奏器物，或投手踏脚、玩球。其实很多活动现今看来是极富娱乐性的，但上古的人们顾着谋求生活，较少以有意识的行动去讨别人或自己的欢乐。譬如打猎，现在是种奢侈的体能娱乐，尽管其动作激烈，常弄得身体疲惫，不过根本目的却是为了满足心理情绪，不是为了谋求生活，所以欢娱非常。但是渔猎时代的人们，那些跳跃、奔跑、射击的动作，都是为了谋取食物所必需，其所掺杂的娱乐情绪是极少的。再举歌舞来说，今天很少会被看作是与生产有关的劳动，但是其起源可能是生产时为了纾解工作后的疲劳，或是为了一齐从事劳动或移动重物时发出的呼喊声。音乐则可能起于用声响诱杀野兽。舞蹈起于向神祈祷的宗教仪式。就其动机来说，都是为了谋求生活得以生存的必要措施，并非讲求一己或他人精神的欢娱。因此要区别类似的活动，何者是工作，何者是娱乐，就要看其性质是为了欢娱的目的，还是为了生活必需的劳动了。

现在的娱乐项目包罗万象，只要是能够引起同感，令人身心舒展的活动都可以称之为娱乐。上古的人们只顾谋求生活，较少思及以有意识的行动，来让自己或别人欢乐，除非有什么庆典，但那也是团体的行动。当时如有空闲，只是休息或聊天，直到生活工具被改良，逐渐减少谋求生活所需劳动的时间，宗教的信仰也慢慢淡化时，才开始有心情假借节庆的活动来娱乐自己，从而发展较为丰富的个人娱乐节目。对于一个国家来说，在古代没有比祭祀与军事更为重要的事。古人于生产劳动之外，参与祭祀与军事的活动就成为生活上的重要行事，所以与此有关的活动最容易演变成娱乐的项目。基本上，生产发达、社会安定的时候，人们用于娱乐的时间要较生产不足或动乱不定的时候为多。

汉代把表演的艺术分为两类：一是雅乐，二是百戏。大致地说，雅乐属于室内表演，带有教养性质；百戏在户外表演，纯为娱乐性质。富有教养作用的雅乐，自古就是中国为政者所强调的。音乐有德育功用的思想可以从《礼记·乐记》中看出："乐者，音之所由生也。其本在人心之感于物也。是故其哀心感者，其声噍以杀。其乐心感者，其声嘽以缓。其喜心感者，其声发以散。其怒心感者，其声粗以厉。其敬心感者，其声直以廉。其爱心感者，其声和以柔。六者，非性也，感于物而后动。"用简单的白话说，乐是由音所产生的，本源在于人的心受到事物的感动。如果是哀伤的心情所感受，声音就会是严厉而带杀气。如果是快乐的心情所感受，声音就会是舒缓的。如果是欢喜的心情所感受，声音就会是发散的。如果是愤怒的心情所感受，声音就会是粗燥急厉。如果是虔敬的心情所感受，声音就会是直率而清亮。如果是爱恋的心情所感受，声音就会是轻柔的。这六种心情都不是与生俱来的，是受到事物的感受才发作的。古人想以乐音来衡量人性，以乐德来培养善人，因此以乐舞（尤其是贵族阶级）为教育的内容。音乐被认为是蓄养德行的手段，汉初很多庙堂的音乐就以"德"来命名，如《房中歌》十七章中有休德、秉德、孝德、承德、教德、明德等名称，可以说是儒家思想以音乐去陶冶性情的具体表现。

在古代，乐舞的教育内容主要是室内的雅乐，其关键字是"音"与"乐"。在商代，音与言用同一个字形表达，**甲骨文的"言"字**：𐤟𐤟𐤟𐤟，作一把长管的乐器形状，此管乐的一端作喇叭状，表示商人已注意到音乐的扩音效果。**甲骨文意义为八尺的"寻"字**：𐤟，作伸张两手以丈量某种器物长度的样子，被丈量的器物中有一形是长管乐器，推知这种管乐的长度约是八尺（约等于185厘米），如此长的乐器较有可能是单管、多孔。管乐器越长，发音越低沉且传播远；越短则清高而不及远。中外山区的居民常会以长管的乐器作为通信信号。古人最初住在山上，后来才慢慢移居平地。古代的中国人可能因此以长管乐器作为彼此联络的信号，所以用嘴巴吹奏长管喇叭的"言"字去表达语言的意义。一般而论，以"言"作为字构形的部分，如论与诰，大都表达和政教有关的含义；以"口"作构形的部分，如呼吸与吃，大都表达没有特殊含义的嘴巴动作。甲骨卜辞有"疾言"的病，一般认为是"疾音"，喉咙或声带有毛病，发音不正常。**到了西周的金文时代则在口中加一点作为"音"字**：𐤟𐤟𐤟𐤟𐤟𐤟，以为区别。"音"字有时被用以表示有一定组织的悦耳乐章，有时只表示任何声响，不一定是值得欣赏的。至于音乐的"乐"字，则总是表示能欣赏的乐音。

甲骨文的"乐"字：𐤟𐤟𐤟，形貌是一根木头上安装有两条弦，表现为一种弦乐器的装置，但是甲骨卜辞的乐字并不使用于和音乐演奏有关的事务中，所以此字的创意还有争议。**金文的"乐"字在两条弦之间增加白的形状**：𐤟𐤟𐤟𐤟𐤟。甲骨文的"白"字：𐤟𐤟𐤟𐤟，是大拇指的形象，假借

樂
（乐）

为白的颜色以及敌国的首领称呼，或以为白在乐字里是表现一个琴拨的形状。不管白字是大拇指或是琴拨的形象，都表示与手弹奏的方式有关。如果弓是弦乐的前身，用手拨弹演奏应是最自然的方式，无需另一件使发声的器具。但是以手指或用琴拨拨弹弦线似是较迟才发展的技法，早期应该是使用敲打的方式。

甲骨文里有很多乐器形象的字，都是个别乐器的名称。如**甲骨文的"龠"字**：作两支单管（代表多支单管）捆绑在一起的管乐器形象。**甲骨文的"磬"字**：作手拿着木槌敲击悬挂着的石磬形状。后来加上石的意符用以明示其制作的材料。石磬的声调温和颇为悦耳，所以甲骨文的"声"字：就作一个耳朵在聆听石磬的声响状。**甲骨文的"鼓"字**：作手持鼓槌在打鼓的样子。至于表现具体演奏乐章的则有"奏"字。

甲骨文的"奏"字：作双手捧着一件道具表演的样子，可能是指挥乐团的动作。商代的奏往往加有形容词，如盘奏、美奏、商奏、新奏、嘉奏、各奏等种种繁多的名目。商代还没见讴、歌一类具有唱歌意义的字，因此奏字必定是与音乐成分有关的活动，演奏时不但有乐器，可能也包含歌唱的成分。商代卜辞有选择"奏戚""奏庸"之类的卜问。**甲骨文的"戚"字**：是一种有平直刃，且在器身有凸出装饰仪仗类的长柄武器。"庸"字则是铃类的乐器名。另外，甲骨文有具体地问使用何种兵器去祭祀河神的卜问。如第127页图。

戚	奏	鼓	磬	龠

由下往上数的第二和第三卜，刻辞作；

丙申卜，唯兹戈用于河？

唯旧戈【用于】河？

这是针对同一件事的两个选项，询问河神的祭祀要使用目前的戈（兹戈）或旧日的戈（旧戈）。此版戈字的写法和一般战争在使用的戈字（ ⌐ ⟊ ⟊ ⟊ ⟊ ）的写法很不一样。实用的戈是为杀敌目的而铸造，前端角度是尖锐的，因为这样才能刺进身体，达到伤害敌人的目的，所以创造文字的时候以一道横画来表达。但跳舞时使用的戈，因为重点在于象征，后来就使用不具实战的形状，把前端的角度改成钝的，或是使用玉石材料来磨制，它们不减威武的气氛，却可以避免舞动时发生意外伤害，所以尖端就用三角形表达，如下页图放大的戈字。

舞"戈"的字形放大

上图的两把戈，尖端都比较钝，难以达到杀害人的效果，应该是演奏中使用的道具。从卜辞上奏的名目之多，可以想见其时创作的丰富。《史记·殷本纪》对帝纣爱好歌舞新声的描写，看来是有些真实的成分，不完全是想像的。偶尔见到奏与舞在同一条卜辞时，那时才提到雨。单独出现的时候都没有提及，可能舞字是祈雨舞蹈的专名，奏字则是娱乐神灵的音乐，有时兼带有舞蹈的内容。

甲骨文的舞字出现次数非常多，多为求雨仪式。**甲骨文的
"舞"字**：其形，作一人双手下垂，各拿着一件像牛
尾一类的道具作跳舞的样子。我们来分解一下这个字，首先它
表现一个正面站立的大人形，最上面是人的头部，人头下是分
开的两只手，最下两画是站立的两脚。两手的部分可以理解是
拿着的舞具，舞具是让舞者跳起舞来时舞容更多变化。舞具可
以有不同样貌，但作为文字，又需要有固定性、独异性，才不
会被错认。《吕氏春秋·古乐》记述："昔葛天氏之乐，三人操
牛尾，投足，以歌八阕。"也许这是古代跳舞最常见的景象，所
以就被拿来代表跳舞的形象。动物的尾巴大都有长毛，尾巴以
长线条表现，两旁短画就是表现毛发了，不同动物的尾毛有多
有少，不管画一道、两道、三道或四道都是实况，也不会和其
他的字混淆，所以无所谓。创作及书写文字，不能混乱是必要
的考量。

接着来看两周时代金文的"舞"字：其形，字形起了很大的变化，尤其是表现舞具的部分。舞
字在甲骨卜辞都用为跳舞的本义，但是金文此字却多被借用为有
无的"无"，大概是为了与本义的跳舞做区别，就在本来的字形加
上一对脚趾，使跳舞的动作更为显明。后来有无的假借义，就在
本形下加上意义的符号"亡"而成为今日的无字。如果没有早期
的字形，想从后代的舞或无字看出它原始的创意就比较难了。《说
文解字》："舞，乐也。用足相背。从舛，無声。其形，古文舞。"

甲骨卜辞多次提到以舞求雨，我们也有兴趣知道商代是为
了什么目的跳舞、跳给谁看。甲骨卜辞是商王为了处理国家事

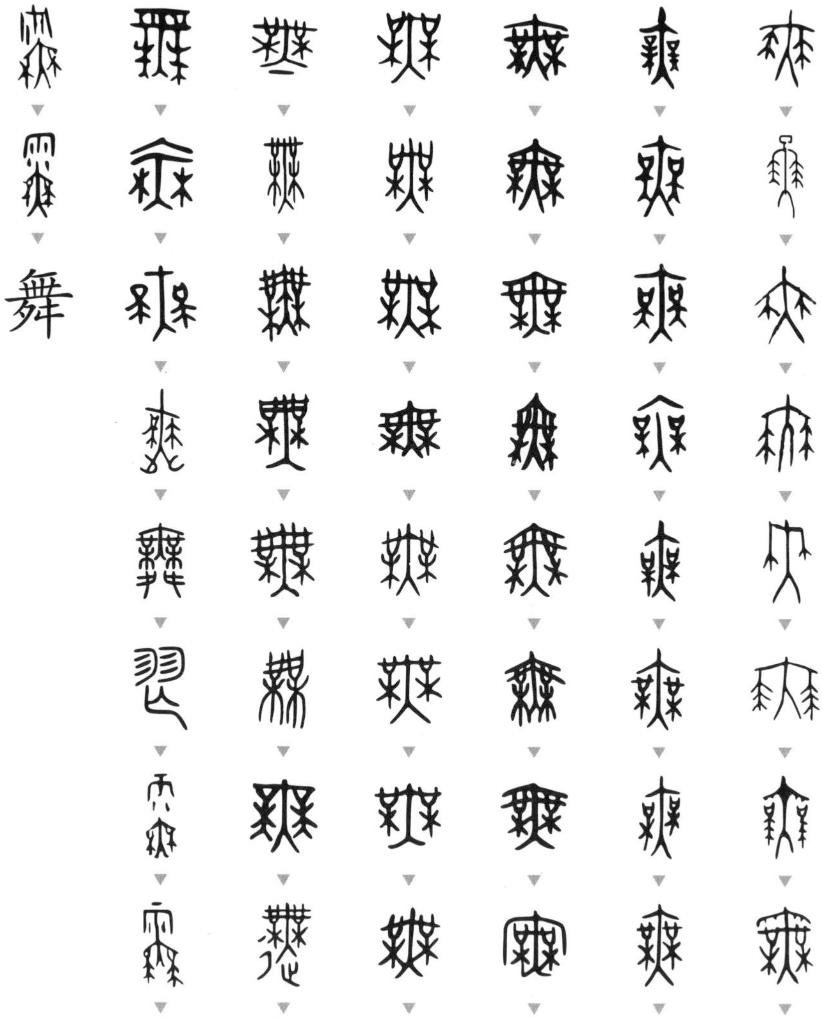
舞

务而向神灵请教的占卜记录，是很慎重的事情。商代的记录非常重要，是因为在其之前，没有留传下来的文字记载。甲骨卜辞提到"舞"时，十次有九次都提到雨。其祭祀的神灵，都是商朝的人相信可以帮助降雨的，因此"舞"字就经常作舞者的头上加有雨点：，表明其特别的功能。

水利未大兴前，雨是最为重要的农业用水灌溉来源，降雨是主政者非常关心的事，所以商代求雨的卜问很多。祈雨的舞蹈是最富有实用意义的，它本是干旱季节时举行的严肃宗教仪式，参与者时常忧心忡忡，唯恐他们的虔诚感动不了神灵，天就下不了雨。后来却演变成季节性的例行娱乐活动，就是在雨量充沛不惧干旱时也要举行，而且参加者通常充满欢娱的心情。如《论语·先进》中孔子问弟子们的志趣，曾子答："莫春者，春服既成，冠者五六人，童子六七人，浴乎沂，风乎舞雩，咏而归。"语气明显表示那时的祈雨舞雩，已是娱乐的成分多于有宗教意味的祈雨盛典了。

商代的舞容到底如何？我们可以从一些字间接得到联想。**甲骨文的"鬼"字：**，作一人戴有巨大的面具状。商代还没有"神"字，鬼字兼有神的含义。**甲骨文的"畏"字：**，则表现戴面具者还手持一把武器，持有武器的鬼更让人害怕。**含义为老精怪的"魅"字：**，则作戴面具者的身上还涂有黑夜能发出闪烁磷光的磷之状。我们知道巫师在跳舞的时候，身上有化妆、持有舞具、伴有音乐，大致也有故事内容，比较具体的可以从周代的乐舞去比照。

《礼记·明堂位》："升歌清庙下管象，朱干玉戚，冕而舞大武。"表现"大武舞"的内容有歌唱、有音乐、有红色柄的玉戚道具，还有头戴冠冕的服装。更具体的"大武舞"描写见于《礼记·乐记》："总干而山立，武王之事也。发扬蹈厉，大公之志也。武乱皆坐，周召之治也。且夫武，始而北出，再成而灭商，三成而南。四成而南国是疆。五成而分周公左、召公右。六成复缀以崇。"很明显大武是种具有故事内容的历史剧，舞者把所拿的武器都如高山般的竖立起来，象征周武王把商朝打败而建立周王朝。舞者激烈地踏脚，象征太公的志向。最终舞者都坐在地上，象征周公与召公辅佐周成王而安定天下的志向。舞的第一节象征开始时周武王发兵北上；第二节象征完成了消灭商朝的使命；第三节象征拓展南方的政策；第四节象征把南方收为疆土的成就；第五节分为两队，象征周公在左侧，召公在右侧，共同辅佐周成王治理国家的政务；最后第六节把全部的舞队整合起来，象征对他们的崇敬。可以想见舞者们有化妆，持有道具，有歌唱与乐奏，还有队伍的移动和步伐，目的是颂扬建国初期的荣耀。其他还有云门、咸池、大夏等曲目，也多是同类性质的歌舞剧。

　　甲骨文"大武"的"武"字：作一把兵戈以及一个脚印的组合，本以为是一人持戈行走的武士形象，但从大武舞的描述，更可能是表现持拿戈与盾，作宣扬武功的舞蹈，用以炫耀武功成就的乐舞。商王武丁、文武丁，周朝的武王的谥号，可能都是因为他们有显赫武功的缘故。湖北荆门出土一把有"大武开兵"铭文的铜戈，戈上有一舞者花纹，手持形状像蜥蜴的舞具（见下页图），可以佐证"武"是一种手持干戈的舞蹈。商代也有扳倒夏朝、拓展疆土的赫赫历史，更有与洪水奋斗的艰辛历程，商末的帝乙、帝辛都有讨伐东夷族的武功，肯定会编成乐舞加以表扬，以之享祭祖先。当然，这种含有夸耀及震慑、说教意味的乐舞是舞蹈的最初目的，可以说是种政治手段，周代更把乐舞纳入教育的项目，想以音乐的德行去教育学子。

说教意味的东西大都沉闷、不活泼，不易为一般人所接受，所以渐渐被具有情趣并可舒展心情的东西所取代，所以有魏文侯端冕而听古乐则唯恐卧，而听郑、卫的新声则不知疲倦的记载。音乐本是严肃的敬神方式，

湖北荆门出土"大武开兵"铭的舞戈

大概商帝纣移以娱乐自己及宾客，所以得到荒淫无道的种种恶名。其实从甲骨卜辞及早期文献，都可以看出他也建立了不少武功，商之被灭亡，因素多端，不能归罪他的爱好新声，因为那是人情之常，而且并不止他一人而已。所以春秋时代以来，用乐舞娱乐宾客或王侯的事就普遍流行于诸侯贵卿之间，后来甚至普及至连属于士阶级的乡饮酒、乡射等礼仪都要以音乐助兴。到了汉代，娱乐的节目增多，流行普遍，宴飨更常以音乐助兴，因此变成墓葬画像石中的重要描绘题材；以乐舞娱乐他人的职业组团也就散见于汉代的文学著作了。

甲骨文
如何断代

中国文字有传承性以及因循性，

有些甲骨文很快就被辨识出来，但仍难以判断某一片

是属于哪一位王的东西，因此需要断代方法来区分。

断代方法的提出

甲骨文于1899年被王懿荣视为一种古代的重要文物后，因中国文字有传承性以及因循性，有些字很快就被辨识出来，其中有一些商代帝王的名字，于是知道是商朝的文物，同时也了解其为王室的占卜资料，但到底是属于哪些王的文物，就没有办法确定了，更不用说想判断某一片是属于哪一位王的时期了。

发现甲骨的地点是河南的"安阳"，不是传言的"汤阴"。由此可以推论甲骨是商朝后期建都在安阳时的产物，不是前期的文物。后来王国维发现某些卜辞中同时有"兄庚""兄己""父丁"的称呼，在后期的商王名号中，只有可能是在祖甲时代才会称呼武丁为父丁，称祖己、祖庚为兄己与兄庚，所以断定这些都是祖甲时代的产物。约略同时，罗振玉也发现了"父甲一牡，父庚一牡，父辛一牡"的卜辞，只有武丁的上一代有阳甲、盘庚、小辛的王，所以也可正式推定是武丁时代的卜辞。但是有这样鲜明信息的甲骨非常少，所以能利用对父兄辈的称谓来作为甲骨文断代的例子也不多，所以难以作为依据的条件。从加拿大到中国传教的明义士，还加上书体、事类（卜问的事情类别）、字形、用词等等的差异，试图比较客观地对甲骨所属的时代做分类，但因为这些现象的主观性比较重，没有绝对可靠的标准，所以也无法成为有效的系统。

中央研究院在1928年至1937年间，于河南安阳进行了15次大规模的科学发掘，使得甲骨卜辞的分期断代工作得到了重要的契机。在1929年的第三次发掘，挖掘到所谓的"大龟四版"。甲骨的卜辞在第一段的序辞（或称为前辞），常作"干支卜某贞"的形式。卜的意义是占卜，贞的意义是提问，这些都没有疑义。但是在卜与贞之间的这个字，有以为是官名、地名、占卜的事类等等的猜测，不过都没有坚强的证据。中央研究院所发现的完整大龟版，上头都是卜旬的刻辞，卜问下一旬有无灾难，因此大龟版的出土，官名、地名、占卜事类等等猜测都不能成立了。依据董作宾的研究，可以证实这些不同的字是贞人的名字，即代替王对甲骨提出询问的臣子名字。

在这块大龟版上卜问下旬吉凶的贞人共有六位，因此得出一个结论，凡见于同一版上的贞人，他们差不多都属于同一个时代。董作宾进一步将这六位贞人与其他拓本书中有同版关系的贞人群做联系，认定他们都属于同一个时代，再通过这些卜辞的祭祀辞里对亲人称谓的比对，先是确立了武丁的贞人集团，然后是祖庚、祖甲贞人集团的认定，再比较各类卜辞的书体、字形、用词的各项特征，就建立起甲骨断代的标准了。

董作宾研究更多材料后，在1933年正式发表了《甲骨文断代研究例》。其为划时代的论文，就甲骨文本身，拟定了十个判断年代的标准：一、世系，二、称谓，三、贞人，四、坑位，五、方国，六、人物，七、事类，八、文法，九、字形，十、书体；并将商代从盘庚迁都安阳到帝辛灭国的273年间，分作以下不同的五个时期：

第一期　武丁以及其前（盘庚、小辛、小乙）

第二期　祖庚、祖甲

第三期　廪辛、康丁

第四期　武乙、文丁

第五期　帝乙、帝辛

这个研究得到众多学者的认同，对于个别甲骨的年代都可以比较有信心地加以断定。先来讲这十个标准的内容：

1. 世系：借由与《史记·殷本纪》的比对，可以得知自上甲以来各个王的承继关系，但这个标准不太有用，只能知道提到某王的，其年代必在某王之后而已，唯有在提到后期的王的名字时，才有可能把所属的年代范围缩小。在第8堂课所记载的商王世系来对照甲骨第五期周祭（或称"五种祭祀"）（详见第89页）的祀谱内容。甲骨的周祭卜辞不但纠正了《史记·殷本纪》的错误，更指出直系王的正式配偶数目与名号。

2. 称谓：指商人对于过世而经过捡骨仪式（参考第8堂课《商代可能行三年守丧之礼》）后的亲人，给予甲乙丙丁等的日干名号，里头并没有伯、叔等分别，所以父甲、母乙这一类的称谓，可以在不同时期出现，而对于众多父、母辈的亲人商王又都会给予祭祀，也形成各时期均可能有相同的称谓，难以判断正确的归属。还好，各个王对于自己亲生的父、母亲，其祭祀量要比其他伯叔父辈更多，通过量的比较以及贞人集团的差异，就可以有效地判定是属于某王的卜辞。

3. 贞人：替代王向骨头提问的臣子名字。透过许多同版上的贞人名字的相互关系，可以归纳成几个贞人的集团，或不写贞人名字的集团，再比对各个集团对主要父母辈的称谓，就可以断定这块版所归属的时代。刻有贞人名的例子非常多，所以是最重要的标准。但是这个标准也有其局限性——有些甲骨没有贞人的名字；有些贞人也找不到与其他贞人的同版关联；有些贞人则有服务过几个王的现象无法判分；还有几个世代是不记录贞人名字的。

4. 坑位：这个词为误用名称，因所谓坑位或坑层，一般指考古学上有严格定义的地层位置与灰坑。董作宾所指的坑位则是中央研究院所发掘的甲骨出土的地区，如小屯村及其北地曾被划分为五个区域。每个区域出土不同时期的甲骨，但是各区域的甲骨时期有所重复。所以这项标准没有大用处，或只能作为旁证而已。

5. **方国**：指每一个王所面对的敌国不同，有些国家只在某些特定时代与商朝王廷有过结盟或战争的关系，所以每个时期经常出现的方国名字，以及其与商王的互动情况，也可以拿来判定甲骨的时代。

6. **人物**：因为各个王所重用的人物，面对重要的事件与情境亦有不同，所以各时期所出现的人物，包括武将或文职的人名、诸侯的名字等等，大致也可以作为断代的标准。

7. **事类**：指所占卜的事情类别。每一期所卜问的重点多少有些不同，像第一期武丁，各种事类的卜问都有，经常还包括王私人的家务事、病疾与生育等。祭祀的种类和用牲的品目、数量也非常的多；第五期几乎只做有关祭祀与田猎的占卜，而祭祀有一定的仪式与格式，所以卜问的事类有时也可以作为决定性的断代标准。

8. **文法**：主要是指文句的格式，也是书写的习惯。譬如有些时期常在每一个卜上都标明卜问的日期，有些则只在同一件事的第一卜标上日期，其他的卜问四期就省略了。笔者曾经利用这些现象来探讨第四期的早晚变化。还有占卜的术语和习惯于各个时期也都不同，具有断代的绝对价值。

9. **字形**：字形不是一成不变的，一个字早期、晚期的形貌也可以拿来作为断代的依据。最容易使用的是干支字形，因为它们是最常用的字群；又如唯、惟一类助词的字形；或常见的灾、祸等字形，也都很有帮助。

10. **书体**：董作宾透过观察，把五期的特征找出来，说第一期雄伟、第二期谨饬、第三期颓靡、第四期劲峭、第五期严整等。其实，不是每一期只有一种特征，相互之间也不一定能够区分严明，后来亦有争议，详细介绍将于下文呈现，但书体大致不失为一个有效、快捷的断代标准，甚至有人以为书体是最佳的断代标准。

断代的争议

董作宾的断代十大标准提出后，确实是既方便又有效的断代依据，但有小部分的卜辞，还是有要归属哪一时代的争议，在学术界激起很多辩论。

一、"自"组卜辞

有一类甲骨的字形小，和典型的第一期卜辞不太一样，起先董作宾也把它们视为第一期，后来在从事五种祭祀（后改称"周祭"）的研究时，发现卜辞有新、旧派的不同，相异之处主要表现在祭祀上，其中，第一期时以私名称呼开国的王"商汤"为"成"或者"唐"；第二期祖甲时，统一将所有的先王都使用干名的谥号，从此改称商汤为"大乙"。而前述这些类似第一期的小字，在很多习惯上同于第一期，即所谓旧派；但采用大乙的新名称，而且对父母辈的称呼也和第一期的不太一样，因此推测这些是第四期文武丁恢复武丁旧派作风，但在大乙的称呼则采用新制，所以不是同一时代的东西。分为五期的同时，又可以分为新、旧两派，旧派的有武丁、祖庚、武乙、文武丁；新派则有祖甲、康丁、帝乙、帝辛。

出乎意料，很多学者并不接受董作宾这个修改意见，并称呼这类甲骨字形小的卜辞为"自组卜辞"、"王族卜辞"、"多子族卜辞"或"非王卜辞"等名称，认为时代主要属于第一期，或为稍前，或为稍后，学者纷纷论辩。接受董作宾新意见的，主要是在台湾如严一萍、金祥恒、许进雄，还有日本的岛邦男。首先提出反对的是日本贝冢茂树以及追随他的所有大陆学者。

二、"历"组卜辞

1976年中国科学院考古研究所安阳工作队，在河南安阳小屯村的西北发现一座未被盗掘的中型坟墓。这座坟墓出土的青铜器，有几件上头出现"妇好"的铭文，所以也被称为"妇好墓"。第一期卜辞有名为"妇好"的人，声名赫赫，多次领军去攻伐敌人。但是"妇"在后来是对女性的称呼，所以大都以为妇好是武丁的百多个配偶之一（笔者以为"妇"是对嫁出去的商王亲人的称呼，在政治的组织里有很大势力，所以武丁非常在乎她们生产的是男孩或女孩，如果是男婴，就有可能继承大位，两国的关系会比较稳固。至于自己亲人所生产的是男孩、女孩则比较不在意，反正是自己的亲族，继承的人都会是自家人，所以很少见到卜问自己亲族的生育性别）。

青铜器上的"妇好"是一位被铸铭纪念的死者。传统的第四期卜辞也有祭祀妇好的少量卜辞，其实第四期很少有记载贞人的名字，但妇好出现在名为"历"的贞人卜辞里。李学勤认为妇好墓里陪葬的铜器铭文以及玉石器上的文字，其字体与有贞人"历"的卜辞很接近。但，如果把妇好墓的时代定为第四期武乙或文丁，就会与所出的陶器、青铜器有早期的特征不一致。他在一些所谓的"历"组卜辞中，从文字、文例、人名、事类、称呼等多方面考察，得出结论，认为"历"组卜辞是武丁晚年到祖庚时期的卜辞，"历"组和第一期"宾"组的妇好，实际上是同一个人。李学勤的新见解在大陆得到很大的呼应，但是也有人不愿意接受，不像之前自组卜辞属于第一期的论点，在大陆得到一致的同意。大家对于历组卜辞的断代，正、反双方基于卜辞本身现象的讨论以及论证，看法意见僵持不下。

新切入的观点
——钻凿形态的考察

在上述两类卜辞的时代性归属争议不断时，我受聘到加拿大多伦多市的皇家安大略博物馆整理明义士收藏的甲骨。在拓印甲骨之前，要先使用蜂蜡做甲骨的底垫，才不会在拓印的过程中敲坏甲骨。每完成一片拓印，我就要清理蜂蜡底座。日积月累，我慢慢感觉到，每一时期甲骨上的钻凿有不一样的形态。留心观察后，发现每一期的甲骨确实一致性的有不同形貌。我还旅行到美国、日本、英国等有大宗收藏品的机构去描绘甲骨钻凿的形态，也特别向"中央研究院"申请观察其所收藏的自组甲骨。经过四五年的收集和研究，我可以肯定每一期的形态和习惯都不一样，可以作为卜辞断代的佐证。1973年我以《卜骨上的钻凿形态——断代的标准》得到多伦多大学东亚研究所的博士学位，1979年以《甲骨上钻凿形态的研究》出版。

我将甲骨上的钻凿分为五种类型：

1. 正常型——单独的长凿

2. 异常型第一式——圆凿包摄长凿

3. 异常型第二式——小圆钻

4. 异常型第三式——长凿旁有圆凿

5. 异常型第四式——于骨面施凿

我也发现自组卜辞上的正常和异常形态与第一期的很不一样，而且自组和历组的钻凿习惯也没有不同。所以认定自组和历组卜辞都是第四期。第三期与第四期因为有过渡的关系，以卜辞的标准来断代，有时不容易区分，所以之前的拓本书也权宜将第三与第四期合为第三、第四期。我还从钻凿形态的观点，包括长度、排列、骨沿等现象，排列从第三到第四期的变化过程，从此可以有效地分别第三与第四期的甲骨。

两系说

既然钻凿的研究，第一期与自组、历组的卜辞有截然不同的特征，主张是同为第一期的人，就得想出解套的办法。于是两系说诞生，说商王廷内有两个占卜机关，各自独立操作，所以形成两类钻凿的形态，还有不同的卜问内容。到了第五期才又合而为一个占卜机构。为了要把不同于第一期的自组、历组的书体，合理地解释为同时代的关系，就得想出很多过渡时期的分类，复杂者竟然到了二十几个类型，让人无所适从。

肯定钻凿断代的绝对证据

由于两系说在大陆是有力人士所提倡，如果没有坚强的证据，少有人敢做强力的反驳。1973年中国科学院的考古研究所在小屯南地发掘到几千片属于第三与第四期的甲骨，有明显的地层证据证明我所提出的，从第三期到第四期钻凿形态的变化，不过还不敢肯定自组卜辞是属于第四期。但是几年前在村中与村南，发掘到更多量的第三与第四期的甲骨，大量的自组与历组卜辞就在其中，所以就肯定了自组与历组卜辞属于第四期的论点；以前强力支持李学勤理论的学者，也纷纷起来撰文反对，我的观点开始得到认同。两三年前北京的故宫博物院要开始整理馆藏的明义士旧藏两万多片甲骨，邀请我去参加筹备会议并做五分钟的发言，原来用意竟是要让主张两系说的学者不再坚持他们的分期主张。大陆有依辈分发言的习惯，首先由考古研究所发掘甲骨的学者郑振香发言，强调地层的证据证明自组与历组卜辞应该是第四期。本来轮由李学勤发言，但他坚持我先说，我拗不过，就强调钻凿形态的证据。李学勤接着发言，竟然认同划分五期就好，不必细分了。既然倡导的人已经这么说，就成了决议，不采用两系说的分类。

举例说明

以下每期甲骨各举几例解说，读者大致可以看出各期的概况与不同的所在。

下页图这版的登录号为《合》11497，第一期，为龟腹甲的上半部。从有第一期的贞人争与殸，很容易就断定年代；"有"字形为屮，"王占曰"的"占"，其字形、书体也都可以断定是第一期；有熟语"王占曰"，尤其是大字，使用双钩的线条刻成，字的沟里还涂上红色的朱砂，表示是重要的事件，更是第一期特有的习惯。刻辞自上往下读：

1. ^一丙申卜，殸贞：^二来乙巳酒下乙？^三王占曰：酒，佳屮祟，其屮设。^四乙巳酒，明雨，伐既雨，咸伐亦雨。施卯鸟星。^五一（序数）

2. 丙午卜，争贞：来甲寅酒大甲？ 一（序数）

3. 屮于上甲？ 一（序数）

4. 丁亥卜，殸贞：羽庚寅屮于大庚？ 一（序数）

5. 贞：羽辛卯坐于祖辛？一（序数）

第一卜可以分成五段（见角标序号）来解释：第一段的序辞，译成白话："在丙申日卜，由贞人殻提问。"第二段的贞辞，是提出问疑的内容，译成白话："在即将到来的乙巳日以酒祭的仪式来祭祀祖先下乙，是合宜的吗？"第三段的占辞是甲骨烧灼后，王检验兆纹与问疑者的事先约定而做出的判断，译成白话："王检验兆纹后说：举行酒祭时，会有灾祟的事发生，将会有殻的现象吧！"其表示不是很肯定的语气。"殻"是一种和天象有关的现象，但还不能肯定是什么样的内容，也不一定是不吉祥的。第四段是验辞，表示和提出问疑有关的事实情况，译成白话："乙巳这天举行酒祭的祭祀，在明（天刚亮的时段）时下雨，奉献人牲（刻辞中的'伐'是杀人供祭的术语，以及人牲的量词，一伐为一人，二伐为二人）的仪式完成后下雨，所有的人牲都奉献完了之后也下雨。（可能因为祭祀的时程有些延误）乃向鸟星举行施杀牲体（大半是牛牲对剖成两半的方式）。"最后的序数一，表示是对这件事的第一次卜问。有时会卜问到十次之多，推测是以出现的是与非的数量决定占卜预示结果的强度。

不知道为何这整个事件很重要，所以要用大字涂朱的方式处理，可能为了方便归档以及再次取出查验吧。从这段记载，可以了解，酒祭仪式的遂行时间很长，杀人的"伐"是酒祭的内容之一，而且分成多次举行；或者是因为下雨，中断了仪式，所以举行了几次奉献人牲的仪式。鸟星是晚上才看得到的天象，在古代天黑以后就入睡，少有夜晚的活动，所以在甲骨文中很少看到对于夜晚天象的描述，可知这是罕见的记载。古时鸟星的出现也是判断季节的重要指标。

在商代，计算日期的长度是由"当天"算起，今天是商代的第一日；明天是商代的第二日；后天是商代的第三日。同时在同旬几天内的称为"羽"，后来写为"翌"；在下旬，七八天或更久的日子称为"来"。乙巳是丙申的下一旬，所以第二段刻辞用"来乙巳"表示，也可以写为"十日乙巳"。"明"是早上的时段，明之后是"大采"（光彩大放），大采之后是"大食"（量大的早饭），大食之后是"日中"或"中日"（中午），白天的每个时段约为两小时。文辞的行列，习惯是在外缘的就由外而内阅读，第一卜在甲骨右半部外缘，所以文辞由上而下，然后由外而内，即自右向左阅读。

第二卜，是在甲骨左半部外缘所卜，所以文辞走向自外而内，即自左而右。这种特殊的习惯和一般在竹简上固定由上往下，然后由右而左的习惯不一样。刻辞译成白话："在丙午日占卜，贞人争提问：在将到来的甲寅日对祖先大甲举行酒祭的仪式，是合适的吗？序数一。"

第三卜，译成白话："向祖先上甲举行出的祭祀，是合适的吗？"这是在甲骨内侧的卜问，所以行列由内而外，即由左而右。没有序辞形式（或称前辞形式）的卜问日期，想必是省略了，在其他的位置定有完整的刻辞，这是对同一件事情的不同选择（其他处理方式）。

第四卜有序辞形式，同是问出祭祖先的事，所以是针对同一事件的第一个占卜，译成白话："在丁亥日占卜，由贞人殻提问：在近日的庚寅日来对祖先大庚举行出祭的仪式，是合适的吗？序数一。"

第五卜，译成白话："提问，在近日的辛卯日来对祖先祖辛举行出祭的仪式，是合适的吗？序数一。"

第四卜与第五卜，看起来好像是在卜甲的边缘卜问的，其实在外缘还有甲桥，已经断开了，所以其实也是在内侧的卜问，文辞的行列是由内而往外。在商代有个习惯，在祖先命名的干日举行祭祀仪式，第三卜至第五卜的重点是举行出祭，提问在不同日子祭祀不同祖先，祈望占卜给予指示。

第149页所示图版的登录号为《合》13443，第一期，刻辞在右肩胛骨与骨臼上。在骨臼上契刻进骨的记录是第一期所独有的习惯，其他的贞人殻、书体、兆侧刻辞也都是第一期的形式，很容易判断。刻辞自上往下读：

1. 庚寅卜，殻贞：虹，不隹年？ 一（序数）

2. 二（序数），不悟蛛上吉。（兆侧刻辞）

3. 三（序数），上吉。（兆侧刻辞）

4. 庚寅卜，殻贞：虹，隹年？ 一（序数）

5. 二（序数），（不）悟蛛。（兆侧刻辞）

6. 三（序数），（上）吉。（兆侧刻辞）

7. 四（序数）。

8. 燎于河？ 一（序数），（不悟蛛）。（兆侧刻辞）

9. 二（序数），（不悟□）。（兆侧刻辞）

10.（骨臼）尋杞示七屯又一（❶。宾。

---

❶ "(" 为甲骨文字符。——编者注

第一卜是在庚寅日，由贞人㱿提问。虹是事实的叙述，"虹"是雨后水汽被阳光反射的形象，商人想象虹是一种和雨有关的神兽，有虹饮于河（黄河）的记载。可以推测，针对这个天象，从反面与正面来占问，出现了虹会不会对一年的农获有影响。"不隹年"表示不是好年获。"隹"是助辞，现在写作维或惟。"年"表示好年获。每个主题都卜问四次，反面的提问，第四次残断了。正面的提问，四次都完整保留。所以有一至四的序数。序数旁边的不悟蛛上吉或上吉，学者称为兆侧刻辞，是占卜的术语，说明兆纹的显像表示什么的意义，"不悟蛛上吉"是最高等，意思是不用犹疑；"上吉"大概是第二等的吉祥；再次一等的是"吉"。但也有说，不悟蛛与上吉都是最高级；吉是第二等；最下一等或不吉的就不写了。有可能占卜得到的结果将会是不利的，所以接着卜问要不要使用燎祭的仪式来对黄河的神灵祭祀。河和岳（山西霍山神）是两个对降雨最有影响的神灵。比较卜辞有"兹雨不隹年祸"的句子，"虹不隹年"大概是完整的句子"兹虹不隹年祸"的省略。"虹不隹年"与"虹隹年"，从正反两方面来提问，成为对贞的形式。

在骨臼处所刻的"帚杞示七屯又一（。宾"，前一句是妇杞这个诸侯进贡了"七屯又一（"，屯第一期也作 ⚇ ⚉ ⚊ ⚋ ⚌ ，意思是七对左右牛肩胛骨，（为一个单片。第四期用词稍有不同，在卜骨的正面作"屯"字。宾则是签收的人，宾也是第一期代表王提问的人之一，很可能是把粗料（未经整理的牛骨）修整成可以用来占卜的官员，这很可能也是卜官的职能之一。"屯"字：᠌ ᠌ ᠌ ᠌ ，其造字创意是从侧面看一对甲骨被包裹起来的形状。⚇ 则是鸟瞰的样子，表现两片骨臼的样子。屯字的创意重点在于把东西包裹起来，被束缚住。所以，铜器铭文的"黹（zhǐ，刺绣、缝纫）屯"是包扎衣服边缘的刺绣，"屯福"是厚厚的福气。因为被紧紧包裹起来，所以也有困难的意思。要理解一个字表达的重点，

了解其创意是很重要的。

右图所示图版的登录号为《合》24769，第二期，牛的右肩胛骨的骨缘部分。从王（新派的字形）主持提问，字形瘦长的书体，卜辞习惯用"才某月"（在某月）的形式，段落由下往上等习惯，可以判断这是第二期，而且是新派的祖甲的占卜。刻辞段落由下往上读：

1. 丁酉卜，王［贞］：今夕雨，至于戊戌雨？戊戌允夕雨。四月。

2. 丁酉卜，王贞：其又祸，不系？才四月。

3. 丁酉卜，王贞：亡祸？才四月。

4. 己亥卜，王贞：亡祸？才四月。

5. ［己］亥卜，王贞：其又祸，不系？才四月。

第一卜译成白话："丁酉日占卜，王亲自提问：今天晚上下雨了，到了戊戌日（明天）会下雨吗？果然，戊戌的晚上下雨了。日期在四月。"因为答案的取得，在于提问的人与甲骨所做的口头约定，如果兆纹可以控制，就有可能作弊。第一期的时候，长凿的旁边经常凿有半圆形的钻，但第一期以后这种形式不复见。我怀疑是王发现了这种的凿型容易动手脚，所以就废除了，甚至王还亲自提问。新派的第二期祖甲时期，常见王贞。同样是新派的第五期帝乙、帝辛时代，几乎每条卜辞都有王字，如果不在前辞形式呈现，就在贞辞或占辞里见，不知是否要强调王的尊严。"允"字是证实甲骨预示是对的术语，在第一期以后很少见。

第二卜译成白话："丁酉日占卜，王提问：将会有灾祸的，但（灾祸）不会系连（停留住）的，是吗？日期在四月。"在某月也是新派的作风，到了旧派的第四期，又恢复不用在某月的形式。

第三卜译成白话："丁酉日占卜，王提问：不会有灾难的，是吗？日期在四月。"这与第二卜是一组正面与反面的卜问，到了第五期就见不到这样正反面的占问。

第四与第五卜，是两日以后重复丁酉日正面与反面的卜问，问有无灾祸。第一到第五期都有固定在癸日卜问下旬灾祸的习惯，也偶尔有卜问某一天或某一晚之灾祸的例子。有可能该日有重要的事要做，所以才特别加以卜问是否有灾祟。

右图所示图版的登录号为《合》23120，第二期，牛的右肩胛骨的边缘部分。断代的标准有第二期会出现的兄辈、父辈的称呼，也有第二期"行"这位贞人，瘦长的书体、字形、"王宾"的熟语，尤其"劦"的祭祀是五种祭祀的系统之一，为祖甲时期才创造，而且也有兄己与兄庚的称谓，无可怀疑是第二期祖甲时代的占卜。刻辞的段落也改由下往上读：

1. 乙亥卜，行贞：王宾小乙劦，亡尤？才十一月。
2. 乙亥卜，行贞：王宾叙，亡尤？
3. 丁丑卜，行贞：王宾父丁劦，亡尤？
4. 丁丑卜，行贞：王宾叙，亡尤？才十一月。

5. 己卯卜，行贞：王宾兄己劦，亡尤？

6. 己卯卜，行贞：王宾叔，亡尤？

7. ☒卜，行 [贞：王] 宾兄庚 [劦，亡] 尤？

第一卜译成白话："乙亥日占卜，贞人行提问：王亲自迎接祖先小乙的神灵，使用劦的仪式，不会有差错的，是吗？日期在十一月。"

第二卜译成白话："乙亥日占卜，贞人行提问：王亲自迎接神灵，不会有差错的，是吗？"第一卜与第二卜合成一组，前一卜提到祖先的名字以及行用的仪式，后一卜就省略祖先以及祭名，使用叔字，这是暂时隶定的字，不知道确实的意义，也是新派所特有。五种祭祀是对上甲以下的祖先，一一在他们的干名日祭祀，在第五期甲骨有详细的介绍。

第三卜与第四卜也是一组，以劦的仪式祭祀父丁（武丁）的卜问。

第五卜与第六卜也是一组，以劦的仪式祭祀兄己（祖己）的卜问。

第七卜以及残缺的第八卜是一组，以劦的仪式祭祀兄庚（祖庚）的卜问。

下页图所示图版的登录号为《合》30032，第三期卜骨，可能是左肩胛骨的边缘。特有的兆侧刻辞，细小刚劲有力的书体，雨、叀（huì）等的字形，省略前辞的形式，都可以肯定是第三期康丁的占卜。刻辞由下往上读：

1. 叀庸奏，又正又大雨？

2. 叀各奏，又正又大雨？（大吉）

3. 叀嘉奏，又大雨？（吉）

4. 叀商奏，又正又大雨？

第一卜译成白话："使用庸奏的话，是正确的、会有大雨的，是吗？"

"奏"是一种有关奏乐的文辞，字形作双手拿着一件有毛的道具，大

概是指挥乐团的动作。奏有各奏、新奏、嘉奏、商奏等许多名称。敬神的时候，"奏"与"舞"是两大类别的仪式，舞也有不同的名称，都和求雨有关，可能是专为求雨而产生的不同舞容仪式。奏大都和雨无关，有些是有关乐器或武器的名称，可能除演奏乐曲以外，伴有舞容与音乐。

第三期的卜辞，经常是第一卜有干支卜的前辞形式，提问的主题最多有四个选择项目，在后三次提问时可以省略前辞形式，推论庸奏的卜问之前应该还有一卜是完整的形式，只是现已残缺了。所以此处第四卜的商奏，是属于另外一次占卜的选项之一，和庸奏、各奏、嘉奏不是同一组。第三期的兆侧刻辞术语，好像大吉或弘吉是属相同的最高级，其次是吉。字形也不同于第一期，是非常有用的断代标准，可以用来分别第三期与第四期的卜辞。

下页图所示图版的登录号为《合》28957，第三期，大半是牛右肩胛骨的骨缘部分。断代的标准有兆侧刻辞、小字刚坚的书体、翌的字形，尤其是卜字的横画朝下，这是第三期独有的写法。刻辞由下往上读：

1. 戊午卜，不雨？

2. 其雨？

3. 翌日辛王其过于向，亡戋？（弘吉）

4. 于丧，亡戋？（吉）

5. 于盂，亡戋？（弘吉）

6. 于宫，亡戋？

这六个卜是针对同一件事的提问，所以只有第一卜有干支卜的前辞形式。第一、二卜从正面与反面询问明天会不会下雨；如果会，就不用再问做户外的活动如何。大概是得到不会下雨的预示，所以第三卜接着问，明天辛日王到"向"地做行军的活动不会有灾祸，是吗？然后询问至"丧、

孟、宫"等其他三地的选择又会如何。第三卜和第五卜得到最高等的弘吉，大概还会经过另一番的比较，决定要选择"向"还是"孟"的田猎场。

"过"字是暂时的隶定，是第三期与第五期的特殊行动，与田猎类似但不一样。田猎可能是一两天的短期捕捉野兽的活动，"过"则可能是远途的军事训练。我在研究以钻凿形态作为断代的标准时，发现有一种形态只见于第三期的"过"一类的活动，在其他事类的占卜就没有发现那样的特殊形态。我推测，某人为了某次的"过"的行动，事先做了一大批卜骨的钻凿，以备长期旅途上使用。不知因为何故，此人后来就不再参与钻凿的制作，所以在别的事类就没有见到同样特殊的形状，因此推论"过"是一种长期间离开首都的活动。

至于字形，也有几个属于这期特征的字。"翌"日以前都作"羽"日：𦐖 𦐖 𦐖 𦐖 𦐖，这期在"羽"字加"立"的声符而成"翌"日的形式：𦐖 𦐖 𦐖 𦐖 𦐖。"雨"字本来是上平的：𠕄，这期加上一短横，雨点也变成二上一下：𠕄 𠕄 𠕄 𠕄 𠕄。

下页图所示图版的登录号为《合》32022，第四期，牛的右肩胛骨的最上部分。断代的标准是干支贞的序辞形式，这是第四期特有的形式。这一版与另一版《合》32023，在相同的部位契刻相同的辞句，只是序数不同，这是第一期与第四期相同的习惯，因此也容易推论这版为第四期。第四期对于一个问题，最多在左右各三块的卜骨上的相同位置做同样的占问，称为异版同辞的成套刻辞，残断的字句可以互补有无。书体大而刚劲有力，干支字形也是晚期的。与第三期比较，这期长凿的长度短许多，第三期因长度长，在顶端无法并排，往往空两个凿的长度，在第三个位置才并排，我称为一三排列形式。这版顶端两端刻辞并排，就是长凿并排的表现，我称之一一排列形式。刻辞段落由下往上读：

1. 癸酉贞：射畜以羌，用自上甲，[乙亥]？

2. 癸酉贞：射畜以羌，用自上甲，于[甲申]？

3. 乙未卜，其宁方，羌一牛一？

首先把刻辞译成白话。癸酉日提问：射（官职）畜（名字）送上来羌族俘奴，想作为从上甲以下的祖先神灵的贡品，在乙亥日使用好吗？

射是军中的职官，应该是专长用箭的射队官长，畜是他的名字。商代有用人牲的习惯，有些来自奴隶罪犯，有些来自战场，包括砍下的头颅、割下的左耳，还有生擒的人员。这段刻辞，"射畜以羌"是事实，已经发生的事情；"用自上甲"是打算要做的事；"乙亥"是卜问的主要目的——确认日期。

下一个占卜是这次卜问关于不同日期的选择，询问在甲申日是否适当。如果不明白卜辞表达的格式，就不明白射畜以羌、用自上甲、甲申三者之间的关系。

第三卜的白话翻译是："乙未日卜问，将要举行安宁方域的仪式，使用一个羌俘和一头牛是适当的吗？"

第四期的前辞形式最为复杂，前期的武乙时期，以干支贞（例如癸酉贞）形式最多、干支卜（例如乙未卜）形式为次、干支卜贞形式较少。到了后期的文丁时代，又增加干支卜某贞、干支某卜贞、干支某卜等形式。而且从第三期到第四期，省略前辞形式的数量也越来越少，这也是判断一片甲骨的年代接近某一个阶段的观察点。

下图所示图版的登录号为《合》21793+21795，这是第四期比较少见的龟腹甲的右后甲部分，是所谓的王族卜辞，有少见的贞人名以及前辞形式、书体与字形。刻辞段落也大致由下往上读：

1. 乙巳卜，贞：妇奴子亡若？ 一（序数）

2. 辛巳子卜，贞：其它？ 若。 一（序数）

3. 辛亥子卜，贞：妇奴子，曰禽，若？

4. 贞：妇彻又子？ 一（序数）

把四个占卜都译成白话：

a. 乙巳日占卜，提问：妇奴即将生子，不会顺利吗？一（序数）

b. 辛巳日子做占卜，提问：将会是有灾难的，是吗？顺利。一（序数）

c. 辛亥日子做占卜，提问：妇奴生下的儿子可命名为禽，顺利吗？

d. 提问：妇㚸将会生儿子吗？一（序数）

因为提问的人与骨头的神灵有做口头上的约定，刻辞只做将来的查看，所以写得不详细，外人有时难以了解真正的意思。乙巳日的占卜大概是问亲人的妇奴生孩子会不会顺利。辛巳日时则问生产会有灾难吗？答案是会顺利的。接着生下了孩子，辛亥日又提问将之命名为禽是否顺利？答案也是顺利的。事情告一段落，又问妇㚸会不会生儿子？

这类刻辞的书体都很纤细，"贞"字的写法和其他期都很不一样，加上第一期的前辞形式作干支卜某贞，这期作干支某卜贞，有显著不同，明显是所谓的王族卜辞或组卜辞。但卜问生育则是第一期常见的，因为对这一类卜辞的年代难以断定，所以才有学者几十年间都对其年代有所争论。我从钻凿形态的观点，断定是近于第四期文武丁的时代，后来村中、村南的发掘，发现与第三、四期的甲骨大量一起出土，因此可以确定是第四期的时代。

下页图所示图版的登录号为《合》34120，第四期，牛的左肩胛骨部位。断代标准有世系、前辞形式、书体、字形等。刻辞的段落暂时由上往下读：

1. 癸卯卜，贞：酒求乙巳，自上甲廿示一牛，下示羊，土燎，四戈彘牢，四巫豕？三（序数）

2. 丙辰卜，敦戈？二（序数）

3. 壬戌卜，贞：王生月敦，𠂤戈不☑二（序数）

这版的序数有二、有三，不是成套的现象，可能是相隔一段日子所

做的零星占卜，所以很难判断相互之间早晚的顺序，因而暂时由上往下读。先翻译第一段刻辞：

"癸卯日占卜，提问：想要在乙巳日举行酒求的祭祀仪式，如果从上甲数下来的二十个世代使用一头牛，下示（旁系祖先）使用 一只羊，土地神灵使用烧烤方式，四方的戈神使用圈牢里养的猪，四方的巫神使用阉割过的猪，是合适的吗？ 三（序数）"

这版的要点是祭祀上甲以来的二十个世代的祖先，以及下示的祖先。下示有时被误读为二示，因为下与二的字形太过接近。不过就全文来看，下示的释读可能比较正确。从上甲算下来的二十个世代是武乙时代，那就是文丁以后的王才能举行这样的祭祀了。这版刻辞不是第五期的字形，所以看起来肯定是第四期文丁的刻辞了。但这版的刻辞是归属于所谓的自组卜辞或王族卜辞，这岂不是自组卜辞应该属于文丁时代的最佳证据吗？不过，认为自组卜辞是第一期的学者就否认这样的解释，说还不能确定"自上甲廿示"的具体意义。现在既然已知自组卜辞是属于第四期，"自上甲廿示"的意义就可确定是自上甲以下二十个世代至武乙了。

从这段卜辞我们也可以知道商代祭祀时，对于不同神灵的位阶如何区分，一是祖先神灵高于非祖先的神灵；而直系祖先又高于旁系的祖先。非祖先系统的，土地神最高；四戈可能是战死的将士，次之；最后才是殉职的巫者了。

第二卜与第三卜的序数都是二，问的都是有关敦伐敌国的事情，应该互有关联。译成白话是：

a. 丙辰日占卜，前去敦伐（敌国）将会有灾难的，是吗？

b. 壬戌日占卜，提问：王将于下个月敦伐敌国，没有灾难不□

这两个占卜没有提到即将前往征伐的国名，只后一卜有个 字，字形像是眼睛上的眉毛是由中间向外卷曲的，不知道等于现今何字，从几个例子可以推知，大约是当作否定的助词，这两卜先问有灾难，后问没有灾难，也算正反面的提问。残辞"不☒"，可能是不丧失人马一类的字。

下页图所示图版的登录号为《合》37840，第五期，牛的左肩胛骨的底部。有最标准的第五期书体，每字都同样大小，严谨有力，事类的标准更是这期所特有的周祭。刻辞的段落由下往上读：

1. 癸酉王卜，贞：旬亡畎？王乩曰：吉。才十月又一。甲戌妹工典其彡。隹王三祀。

2. 癸未王卜，贞：旬亡畎？王乩曰：吉。才十月又一。甲申彡酒祭上甲。

3. [癸巳] 王卜，[贞：旬] 亡畎？[王乩] 曰：吉。[才十] 月又一。[甲午] 载上甲。

先译成白话：

a. 癸酉日王占卜并提问：下一旬不会有灾祸的，是吗？王判断预示说：会是吉祥的。在十一月占卜。在甲戌日举行祭祀系统的贡献祀谱（各位受祭者的日期）的仪式。时间在王主政的第三年。

b. 癸未日王占卜并提问：下一旬不会有灾祸的，是吗？王检视兆纹而后说：会是吉祥的。在十一月占卜。甲申日举行以酒食祭上甲的祭典。

c. 癸巳日王占卜并提问：下一旬不会有灾祸的，是吗？王检视兆纹而后说：会是吉祥的。在十一月占卜。甲午日举行以酒食载上甲的祭典。

周祭是第二期祖甲时所创，以五种祭祀的祭仪（翌祀首发，其次祭、载、劦合为一组，各隔一旬，最后是肜祀）——祭祀上甲以来的祖先，以及有子即位的王的配偶。到了第五期，更严格规定一个世代只有一王（直系）的配偶可以接受祭祀。翌组祭祀经过十一旬，劦组（包括祭、

载）经过十三旬，肜组经过十一旬，休息一旬，总共为三十六旬。有可能是为了配合太阳年三百六十五日的长度，就另有三十七旬的设置，在必要的时间点多一旬的休息。因为对每位祖先的祭祀也相应太阳年的季节，所以也使用为历日的依据，因而忘记设置闰月，变成和太阴年的月份与季节的不挂钩。但是在十几年后发觉，也增添闰月，补正月份与季节保持挂钩。因此在记载事件的发生日期时，连和周祭没有关系的事件，也记载当时所举行的年代与祀组。还有，刻辞里提到的月份是指占卜的癸日而不是祭祀所在的甲日。月份以后的部分是事后的验证，回应预示的吉祥，顺利地举行了祭祀。

因为周祭都在受祭者的干日举行，各受祭者的次序一定，相互之间有一定的日期间隔，所以从一次祭祀也可以推算出整个周期来。它不但可以依据构筑当时的历制细节，也可以改正《史记·殷本纪》的商王世系表。

右页图所示图版的登录号为《合》38177，第五期，龟腹甲的右前甲部分。断代标准主要是书体与字形。刻辞的段落由内往外读：

1. 丙子卜，贞：翌日丁丑王其振旅征过，不遘大雨？兹御。

2. 辛丑卜，贞：[翌]日壬王[其]田牢，弗御，亡灾？瘵。

译成白话：

a. 丙子日占卜，提问：明天丁丑日王将举行振旅的仪式，然后延续为过的巡行活动，不会遭遇下大雨的，是吗？（验辞）动用了车驾。

b. 辛丑日占卜，提问：明天壬寅日，王将去的地点田猎，如果不动用车驾，不会有灾害的，是吗？（验辞）劳累了。

振旅大致是类似今日的阅兵，振奋军队的士气，"过"则是一种比较长途的行军或巡视各地军队的行为。验辞说动用了车驾，表示预示是不

会下雨的，所以遂行了振旅与过的活动。

《说文解字》解释瘝为治也，读如劳。以疾为意符，乐为声符，所以应该是劳累的意思。田与过是类似但不一样的行动，因为前往的距离比较短，所以询问后不用车驾，要走路前往。占卜结果应该是不成问题的，因此王不动用车驾，徒步前往田猎地，结果验辞说，劳累了。第五期有两个王，帝乙与帝辛。《史记·殷本纪》说帝辛的力可以格野兽，想来体格雄壮，不会因徒步而致劳累，很可能这个王是帝乙。

第五期的占卜，几乎都提及"王"字，或为王自己提问占卜，或者是占辞也提及"王"的旬亡祸，又或是"王"乩曰，没有提到"王"字的刻辞非常少见，可能是重视王权的一种表现吧！

古文字学的重要

阅读古代文献，

可能会因不理解造字创意而导致误解甚至会错意，

甲骨文的探讨可以作为研究古文字的凭据。

研究古文字最重要的两件事，一是文字的创意为何？二是文字使用的意义为何？中国文字至少有4000年以上的历史，使用了一段时间后，字形慢慢有所变化，字义也可能经过多次的扩充与转折，而导致意义偏离本来的创意。阅读古代文献时，有时会因不理解创意而误解，会错古人的意思。甲骨文虽然距离初创已将近千年，毕竟是目前较早的文字。基于甲骨文的创意，还是可以试着解读甲骨文当初的原义，以下略举几个例子。

意义的理解

一、屯

古文献常有"黹屯""屯福""屯难"的辞句，很多人把屯字读成纯，认为是音的假借。"黹屯"为有刺绣的衣缘，"屯福"为纯洁的福分，但是我们从文字最初的创意来看可能不是很贴切。**甲骨文的"屯"字作**两块牛肩胛骨用绳索捆绑成一包的样子，一作俯视：🔲🔲🔲🔲🔲（里头不是贝壳的贝字，是两块骨臼的形状，第一期以后消失），一作侧视之形：⼃ ⼃ ⼃ ⼃ ⼃ ⼃ ⼃ ⼃ ⼃。**金文的"屯"**字形态慢慢有变化：⼃ ⼃ ⼃ ⼃ ⼃ ⼃ ⼃ ⼃ ⼃ ⼃ ⼃ ⼃ ⼃ ⼃ ⼃ ⼃ ⼃ ⼃ ⼃ ⼃，**小篆的"屯"**字作：⼃，《说文解字》误以为屯字表现种子从地下破壳生长出来的样子。

牛肩胛骨是占卜的材料，商朝王廷使用的量过多，甚至需要外地诸侯的入贡，所以有不少某诸侯进贡甲骨材料的相关记录。因为一只牛有两块肩胛骨，会包成一个作为计算单位，一屯就是左右一对的牛肩胛骨；如为单块，就作一骨或一（［可以断定屯字表达的重点是包在一起，战国、楚国的错金铜节，舟节的"屯三舟以为一舿（kuā）"就是把三艘舟算作一个单位］。金文、铭文常见的"黹屯"赏赐，则是包覆在衣服边缘的刺绣条幅，重点在于把衣服边缘用有刺绣的布条包裹起来使不散开。"屯福"是厚厚的福气，不是纯洁的福气，福气没有纯洁、纯粹的问题，重点是厚或薄；至于周易的"屯卦"有屯难的意思，比较可能是从骨头被牢牢捆绑着，不能脱困的意思衍生而来。

二、斿、汓、游

甲骨文的"斿"（yóu，古代旌旗上的飘带；遨游，同"游"）字作：𣃓𣃓𣃓𣃓𣃓𣃓𣃓𣃓𣃓𣃓𣃓，表现一个男孩拿着一把旗子在玩游戏的样子，所以有"游玩"的意义。**金文的"斿"**字作：𣃓𣃓𣃓𣃓𣃓𣃓𣃓𣃓𣃓𣃓𣃓𣃓。《说文解字》："𣃓，旌旗之流也。从㫃（yǎn，旌旗随风飞扬的样子），汓（qiú）声。𣃓，古文游。"古代在封邦建国时，往往将旗帜和土地、人民一起授予受封赏的邦君。《诗经·长发》咏怀商汤克夏、《尚书·牧誓》描写周武王征服商朝时，他们手里都拿着斧钺与旗帜进入礼堂，这本不该由小孩子来掌握，现在由小孩子拿在手中，就应该是一种哄小孩的玩具。依据事理推论，创意应该是小孩子所玩的游戏，假借以称呼旗子上的飘带；或可能飘带波动如水，就加水而成斿声的游字。如果原先是表达旌旗的飘带，就没有必要把小孩子表现出来。

三、孚

甲骨文的"孚（fú）"字：𡥈，作一只手捉住一个小孩头的样子，这个字的含义是"俘虏"，**甲骨文也写作**：𡥈𡥈，增加了一个行道：𠂢，可能这是较早期的字形，表现成在一条路上，一个小孩被一只手捉住的样子。这是古代捕捉小孩子训练成奴仆的事件，因为小孩子从小训练比较容易听话，如果是大人的俘虏，就难以改变其反抗的心态。所以引申至有信用的意义。金文的"孚"字形态不变：⻗ ⻌ ⻌ ⻌ ⻌ ⻌ ⻌ ⻌，小篆的字形也不变，但《说文解字》："⻗，卵即孚也。从爪、子。一曰信也。⻗，古文孚从呆。呆，古文保。保亦声。"竟将此字解释为生殖器，真不知道是如何想象的。

四、姬、颐

甲骨文的"姬"字：⻗ ⻗ ⻗ ⻗ ⻗ ⻗ ⻗ ⻗ ⻗，作一位头上有丰盛饰物的高贵妇女和一把密齿梳子的形象。可从细密而长的齿列看出是为了繁密的长发而设计，长头发是不事生产的贵族妇女一个特有形象。地下出土的密齿梳子很少量——如右图山东泰安出土的象牙梳，其实梳子的柄只要能拿在手中就可以了，其却有16.2厘米高，显然是为了展示目的。梳子是女性才会使用的器物，加上它是以贵重的象牙制作，当然是属于有人服侍的贵妇人用品了。

金文的"姬"字：⻗ ⻗ ⻗ ⻗ ⻗ ⻗ ⻗ ⻗ ⻗ ⻗ ⻗ ⻗ ⻗ ⻗ ⻗ ⻗ ⻗，梳子部分的样貌慢慢变化，《说文解字》竟然将其解释成舌头的形象："⻗，颐也。象形。凡臣之属皆从臣。⻗，篆文颐。⻗，籀文，从首。"所以现在有"大快朵颐"的错误用辞。

透雕象牙梳，高 16.2 厘米，宽 8 厘米，大汶口文化，公元前 4300 年至前 2500 年，山东泰安出土，中国国家博物馆藏

五、妥、绥

甲骨文的"妥"字：作一只手捉住一位女俘貌。因为女子的体能相对较弱，抵抗力较差，不用再使用绳索，以手捉住就妥当了，所以从女奴转化为"妥当"的意思。《说文解字》解释为"安也。从爪、女。妥与安同意"就不恰当。在古代，战后掠夺财物是各国的常态，《师寰簋》铭文有："师寰虔不坠，夙夜恤厥墙事，休既有工。折首执讯，无谋徒驭，驱孚士女、牛羊，孚吉金。"（翻译成白话是，师寰虔诚从事，不坠失任命，不分日夜勤劳从事农事耕作，功效完美而又有绩效。砍了敌首，活捉俘虏，无数劳工与御夫，驱赶捕获成年男女、牛羊，以及掳获良好的金属。）这说明战胜以后对一般民众的抢夺十分常见。《孟子》引《尚书》轶文，说周公"有攸不惟臣，东征，绥厥士女"。为了美化周公的仁慈人格，注释家把"绥"（上车时用以拉引的绳索）字解释为"安"，说是安定受其统治的人民。但"绥"的意思是帮助上车的绳子，"绥其士女"则是把男子与女子捆绑起来，就如同《师寰簋》的"驱孚士女"，同是描绘战后景象。

六、函

甲骨文的"函"字：作有封口的收纳箭的皮袋貌，这是把箭完全收藏起来，看不到里头的内容，引申为"有封口的事物"。金文的"函"字：箭的形状有了变化，但《说文解字》竟然将其解释为舌头的象形："舌也马马。舌体马马。从马。象形。马亦声。俗函从肉、今。"

战国铜器上的采摘桑叶的图纹（插图）

错认形声字导致声韵通转的谬误

　　形声字的声符是为了提示本字的音读而设，最好是谐声根（声符）的声类和韵部都与本字完全相同，如不可得，也应该尽量近似，才能发挥标示声读的作用。一般来说，形声字的条件，除谐声的根与本字的韵部是同韵部的必要条件之外，声部也应该同属于一个大类。声部至少可归纳为唇音、齿音与喉音三大类，否则可能不得其解。不但是这样，学

字 体 演 变

者在拟订先秦时代文字的读音时，主要依据《说文解字》所订的声符，如果《说文解字》误把表意字视为形声字，而声符或韵部不同类时，可能就会误导学者做出错误的拟音，甚至以之为依据，说某音是某音的旁转，导致轻易假设某字可以旁转作某个字。这类例子不少，务必要厘清。以下列举几个被《说文解字》误认成形声字的表意字。

一、丧

《说文解字》对"丧"字的解说："丧，亡也。从哭从亡，亡亦声。"丧的音读为息郎切，声母属舌尖的心母。亡的音读为武方切，声母属微母。两者（丧sang，亡wang）不同声部。甲骨文的"丧"字：𡴀 𡴀 𡴀 𡴀，字形结构为一株桑树，树枝间有二至四个大小不等的口描绘出篮子的形象，创意来自采摘桑叶时，在桑树的枝丫间悬挂多个篮筐以利收集。金文的"丧"字演变为：𡴀 𡴀 𡴀 𡴀 𡴀 𡴀 𡴀 𡴀 𡴀 𡴀，明显看出桑树的根部讹变成像是"亡"的字形，而非原本充当声符之作用。

二、长

《说文解字》对"长"字的解说："长，久远也。从兀、从匕。亡声。兀者，高远意也。久则变匕。𠀎者，倒亡也。凡长之属皆从长。𠔏，古文长。𠕋，亦古文长。"长的音读为直良切，声母属舌面的澄母，亡的音读为武方切，声母属微母，两者不同声部。

甲骨文的"长"字：𠂆 𠂆，是一个持杖而发长者的形象，伏杖者经常表示为老人，大概是老人头发不稠密，常散发而不打髻，看起来比他人长，故用来代表长的概念；另有一可能是戴发箍，把头发撑直起来。很明显，"亡"的部分是长发形貌的讹变，而非同原本充当声符之用。

三、良

《说文解字》对"良"字的解说："良，善也。从畗省，亡声。目，古文良。彦，亦古文良。㐱，亦古文良。"良的音读为吕张切，属来母字，亡的音读为武方切，声母属微母，两者声母不同部。

甲骨文的"良"字：其创意不易明白，或说为廊之初文，像是房屋与两侧游廊的形貌；或说像穴居之两侧有孔或台阶上出之形；或疑为风车貌；或以为长者人头之形；或说是日光散射状；或以为与量器的使用有关；或视为风箱之器；或释金文之字形为两豆相对之形；或怀疑为装干粮之背袋样貌……虽然良字的创意还不能肯定为何，但形声字的声符通常是单独成形，可以确定的是良是独体字，不能分析出独立的亡声来。

四、柔

《说文解字》对"柔"字的解说："柔，木曲直也。从木，矛声。"矛的声母为唇音的明母，柔的声母为舌音的日母，分属不同类。

"柔"字字形的演变从战国至汉代概括来看，原来可能作戻（niǎn，柔皮）在木上，表达手持皮革在木杌上来回撑拉使硬革软化的制皮工序。因戻字罕见而致讹变，被类化成为"矛在木上"，矛在木上无柔软的意思，只好将其视为形声字。从演变的过程来看，矛在木上的小篆字形应该是在西汉之后才完成的。

《说文解字》对于"戻"字的解说："戻，柔皮也。从尸、又。又，申尸之后也。"甲骨文的 很可能就是"反"字，象征手拿着一条柔软的皮革状。

另外我们顺便来讨论"鞥"字，《说文解字》对其的解说："闌，柔韦也。从北、从皮省，夐省声。凡鞥之属皆从鞥。读若奊。一曰若儒。阭，古文鞥（ruǎn）。鲞，籀文鞥。从夐省。"

分析此字应为上下两部分，上为帽子的形象，下为反。甲骨文有一"冃"字：像是小孩子的帽子形状，而所谓的"从北"，其实就是帽子上装饰的讹变，夐省声的部分就是帽子本身及护耳。鞥字的创意应该是——柔皮是制作帽子的材料，因为帽子戴在头上，如果使用硬皮，就会伤害到头皮，所以一般使用软皮制作，但若是战斗时使用的青铜头盔，里头就得衬垫如皮革一类柔软的材料。

柔的字形

战国中、晚期：樂 樂 樂 樂

秦：柔

西汉：柔 柔 柔 柔 柔

小篆：柔

推测小篆的正确字形作 柔 柔，推论小篆字的结构都是下半部为"木"，上半部为两手以及某物的形貌，应该是要表达双手在木杖上撑拉使皮革软化之意，间接说明"柔"字的创意与手在木头上的动作有关。

五、吝

《说文解字》对"吝"的解说："吝，恨惜也。从口，文声。易曰，以往吝。痳，古文吝从彣（wén）。"先秦拟音，吝liən，文 mjwən。齐与文的声母不同类，"齐"恐非形声字，《说文解字注》也认为"文声"之说并不正确。古代葬仪要棒杀老人以释放灵魂的习俗，后来演变为在身上刺纹象征流血，并埋葬于土中，此字的创意可能是要表达叹惜后代的人违背古俗；或惋惜没有正常地在床上死亡，因而要以非正常的方式埋葬。

六、圣

《说文解字》对"圣"字的解说："𦔮，通也。从耳，呈声。"先秦拟音，圣st'jieng，呈 dieng。声母的类别不同。

甲骨文的"圣"字：𦔮 𦔮 𦔮 𦔮，作嘴巴旁有一个大耳朵的人，表示此人有敏锐的听力能辨别各种声响，衍生成有过人才能。**金文的"圣"字**：𦔮 𦔮 𦔮 𦔮 𦔮 𦔮 𦔮 𦔮，和小篆含有壬的部分是由于字形的变化，属文字演化的常律，和呈声无关。

七、鲁

《说文解字》对"鲁"字的解说："𩶊，钝词也。从白，鱼声。论语曰，参也鲁。"先秦拟音，鱼 ngjav，鲁 lav。两者不同声部，鱼字和鲁字的声类相隔甚远。

甲骨文的"鲁"字：𩶊 𩶊 𩶊 𩶊 𩶊 𩶊 𩶊 𩶊 𩶊，以鱼在盘上表意，鱼在古代被认为是一种佳肴，所以有"嘉美"的意义。**金文的"鲁"字**：𩶊 𩶊 𩶊 𩶊 𩶊 𩶊 𩶊 𩶊 𩶊 𩶊 𩶊 𩶊 𩶊 𩶊 𩶊 𩶊 𩶊 𩶊 𩶊，盘子的部分，慢慢在其中加点，演变成甘成白（自）。

八、季

《说文解字》对"季"字的解说："𡥉，少称也。从子稚省，

字 体 演 变

聖（圣）

稚亦声。"先秦拟音，子tsjieev，稚dier，季kjiwer。

甲骨文的"季"字作：（符号）[甲骨文符号]，金文作：（符号）[金文符号]，表现小儿搬运收获的禾束样貌。因天候突变时小孩子也被要求帮忙搬运木束，而小孩会是最后动用的人力，所以有"序列的最后"的意义，与子或稚声都无关。

九、习

《说文解字》对"习"字的解说："（符号），数飞也。从羽，白声。凡习之属皆从习。"

甲骨文的"习"字：（符号），大致以鸟降落时，翅膀习习振动声来表达频繁、重复的概念。习的先秦拟音读如rjiəp，与羽声vjwav或自声dzjier都无关。

十、楚

《说文解字》对"楚"字的解说："（符号），丛木。一名荆也。从林，疋声。"

甲骨文以"林"与"正"组成"楚"字：（符号），金文作：（符号），本都不从疋（pǐ或shū）声，可能用征伐的对象是被树林包围的城邑来表意。此字到底是以声符取代表意字，或因讹变，尚不敢确定。但先秦拟音，正tjieng、疋siav、楚ts'iav，韵部都不同。

十一、归

《说文解字》对"归"字的解说："（符号），女嫁也。从止妇省，自（duī）声。（符号），籀文省。"

甲骨文的"归"字：（字形符号），以土块与扫把组合，金文作：（字形符号）。自与归的声母分属于不同的大类（自twər，归kjwər），造字创意可能与古代妇女归宁时所携带的东西（土与扫把）有关。

十二、彘

《说文解字》对"彘"字的解说："（字形），豕也。后蹄废谓之彘。从彑（jì）从二匕，矢声。彘足与鹿足同。"

甲骨文的"彘"字：（字形符号），表现一支箭穿透一只猪的躯体貌，以射箭所猎获表明品种是野猪，后来意义也扩充至家猪，从字形看，应与矢声无关；**金文的字形**：（字形符号），已有讹变。依周法高的拟音，先秦时代彘读如dier，矢读如st'jier，两者声类不同，显然不是形声字。

十三、强

《说文解字》对"弘"字的解说："（字形），弓声也。从弓，厶声。厶，古文厷字。"

《说文解字》对"强"字的解说："（字形），蚚也。从虫，弘声。（字形），籀文强。从蚰、从强。"

甲骨文的"强"字：（字形符号），作弓体被拉引至像口的形状，表现为强劲有力的弓体形象。因为**甲骨文的"弘"字**：（字形符号），与金文的"弘"字：（字形符号），后来与**甲骨文"强"**的字形：（字形符号）太过接近，加虫之后成"强"就不会混淆。原先强字和弘声是无关的。先秦拟音，强gjang，弘gwəng，不同韵部。

《说文解字》古文字形的利用

　　《说文解字》虽然对于文字的创意经常有不正确的解说，但也保存了一些古文的字形，可作为后来表意字演变成形声字之间的桥梁，举例如下。

　　一、囿

　　《说文解字》："▨，苑有垣也。从口，有声。一曰，所以养禽兽曰囿。▨，籀文囿。"保存了田中有四木的籀文字形，使我们可以辨识田中四中或四木的甲骨文字形：▨ ▨ ▨ ▨ ▨ ▨ ▨，是囿字，知道造字创意是特定范围内种植草木的游乐场地。

　　二、野

　　《说文解字》："野，郊外也。从里予声。▨，古文野从里省从林。"保存了古文字形，作土上双木夹予貌，使我们能辨识甲骨文的"野"字：▨ ▨ ▨ ▨，就是其前形，土讹成土而增加声符"予"，金文作：▨ ▨ ▨ ▨ ▨ ▨，显现加上予声符的过程。野字大致是以林中竖立性崇拜之物的地方表意，有别于居住区的"邑"字：▨ ▨ ▨ ▨ ▨ ▨ ▨ ▨。邑以跪坐之人与一个圈起范围的造字创意，表达家居的生活范围。以及工作区的"田"字：▨ ▨ ▨ ▨ ▨ ▨ ▨ ▨ ▨ ▨，象征区划规整的农田貌。

　　三、登

　　《说文解字》："▨，上车也。从址豆。象登车形。▨，籀文登从廾。"也保存了和甲骨文的"登"字：▨ ▨ ▨ ▨ ▨ ▨ ▨，一样的双手捧矮凳让双足登上的籀文字形：䠱。

四、秋

《说文解字》："𥤛，禾谷孰也。从禾，𤐫省声。𤎧，籀文不省。"让我们了解甲骨文的"秋"字：𧊟 𧊅 𧉗 𧉺 𧈖 𧈊 𧈋 𧌱 𧌅 𧌦 𧌍 𧈘 𧈕 𧊟 𧉺 𧌦 𧉗，取蝗虫或蝗虫受火烧烤貌，以秋季景象表达"秋季"的含义。其演变过程大概是蝗虫的字形讹变如龟字，再加"禾"以示与农事有关，最后省去龟而成为从禾从火的字形。

五、悖（誖）

《说文解字》："誖，乱也。从言，孛声。㥦，悖或从心。𢏳，籀文悖从二或。"

甲骨文的"悖"字：𢦏 𢦔 𢦙 𢦜，金文作：𢦏，难以看出有"悖乱"的含义，甲骨文的 𢦙 𢦜 应是其前身，𢦏 𢦔 又是更早的字形，这就可能猜测造字的创意了。𢦏 为戈上附加方形盾牌的形象，是兼有攻击性与防备性的武器。𢦔 表现这种武器互相对峙，在训练军队的队形时，因混乱、排队不整齐而破坏了队形阵容，所以有悖乱的意思。其实，没有籀文做依据就很难想象从甲骨文演变到金文、籀文、小篆的字形了。

六、替

《说文解字》："𣅊，废，一偏下也。从竝，白声。𣅉，或从曰。𤏼，或从竝从曰。"替字的含义是"废"，意即败坏了一件事情。这也是抽象的意义。从小篆的几个字形看，上半部分都表现两个人正面站立：𣅊 𣅉，或侧面站立：𤏼。下半部则是曰：𣅊 𤏼，或白：𣅉。曰的字形表现嘴巴呼出声气的样子。白是自的简体，表现一个鼻子的形状。不管是嘴巴或鼻子，都很难结合两个人并排站立而表达出败坏的意义。从文字学的观点来看，很可能曰或白是坑陷（凵凵）字形的讹变。整个字形大致表达两个人被陷于坑陷内，不愿合作想办法爬出坑陷外，只在坑陷内坐以待毙，败坏了解救的时机。《说文解字》还写了一句很奇怪的话"一偏下也"。这显然不是字义而应该是对字形的解说，甲骨文的字形（🏃）或金文的字形（𝍢），都是一个立的位置比另一个立的位置稍微偏下。这岂不是"一偏下也"的表现吗？很可能被不明其意义的人把《说文解字》所标示的字形给删掉了。

甲骨文的"并"字：𝍦 𝍦 𝍦 𝍦。它表现两个立字并排或两个大人相邻站立在地面的样子，说明两个大人并排站立，表达相并而站的意义。这个字的创意很容易了解，所以到小篆时代的字形还是不变（𝍨）。

用两个人站立的位置不整齐去表达败坏的意义，岂不和甲骨文悖字（🜚）一样，因此"替"的原来创意是，排队不整齐而致败坏队伍整体的形象。在一般的情况下，不会特意要求大家都站在同一直线上，一般人也不会轻易接受别人的指挥而如此排队。只有在军队讲求纪律、服从、整齐的情况下，排队不整齐才会得到败坏的评价。要求队伍整齐最常见的情况是军队训练或展示军容的时候，所以才选择以这种的情况创造败坏的意思。但是，中国文字演变的趋势是使每一个字都保持方方正正，或同样大小的外观。如果以两立一高一低的字形来表现，字形既不方整，又容易与两立同样高度的"并"字混淆，因此改变以两个人并立于坑陷中张嘴呼叫而不想法子脱逃为败坏的举动：🜊。这个字形演变为小篆的🜋。或取两人并立之形而下加一个坑陷，同样表达不思脱逃为败坏的举动，而演变为小篆🜌、🜍的字形。

七、魅

《说文解字》："魅，老物精也。从鬼彡。彡，鬼毛。魅，或从未。魅古文。魅，籀文从彖首从尾省声。"甲骨文的"魅"字：魅魅，作一个戴鬼面具的人身上涂有闪烁的磷，这是埋葬多年的老鬼才有的现象。后来才改为从鬼未声的形声字。

创意示例

发现甲骨文之前，讲到文字结构与创意的著作，几乎只有东汉许慎所撰写的《说文解字》一书，被视为经典之作，不敢轻易怀疑其解说的可靠性。有了甲骨字形的比较，开始挑战《说文解字》的权威性。《说文解字》错误的创意解释多到不能尽举，以下再介绍一些例子。

《说文解字》对"告"字的解说："告，牛触人，角着横木，所以告人也。从口，从牛。易曰：僮牛之告。"甲骨文的"告"字：告告告告告告告告告告，作一坑陷里插了一个标识，取其意是要告诫行人不要误陷其中，和牛没有关系，后来因字形演变，多出一短画才致形似于牛。但就算依小篆的字形，乃牛与口的组合，也看不出有牛角着横木的形象，退一步说就算有此形象，角着横木的主要目的在防备人们被触伤，也不在于警告。

《说文解字》对"兵"字的解说："ऀ，械也。从廾持斤，并力之貌。ऀ，古文兵，从人廾干。ऀ，籀文兵。"**甲骨文的"兵"字**：ऀ，以双手持・长柄的石锛来表意。因为早期兵器乃临时借用的农具，许慎说明需要双手持拿的原因是为了增加攻击力，但所录古文字形尚不见出土，不知其说依据何种材料。

《说文解字》对"晨"字的解说："ऀ，早昧爽也。从臼辰。辰，时也。辰亦声。夙夕为夙，辰为晨，皆同意。凡晨之属皆从晨。"**甲骨文的"晨"字**：ऀ，作双手持拿蚌壳制作的农具整理农地，这是一大清早就要从事的工作。

《说文解字》对"薅（hāo）"字的解说："ऀ，拔田艹也。从蓐，好省声。ऀ，籀文薅省。ऀ，薅或从休。诗曰：既茠荼蓼。"**甲骨文的"薅"字**：ऀ，作一手持蚌制的工具在山坡上除草，山阜讹成女字，没有办法解释，想出好省声的办法解决。

《说文解字》对"哭"字的解说："ऀ，哀声也。从吅，狱省声。凡哭之属皆从哭。"**甲骨文的"哭"字**：ऀ，原作一人长发披散痛哭样貌，哭声连续不断所以用二口表示。后来披发人形讹变成犬，难以解释犬与哭的关联，所以误以为形声字，找到含有犬部的狱字以为省声。

《说文解字》对"帝"字的解说："ऀ，谛也。王天下之号。从二，朿声。􏿽，古文帝。古文诸上字皆从一，篆文皆从二。二，古文上字。示辰龙童音章皆从古文上。"甲骨文的"帝"字：􏿽，是一个整体的形象，或以为是一朵花的形象，其实是捆绑的人形崇拜物，代表上帝的身份。

《说文解字》对"昔"字的解说："􏿽，干肉也。从残肉，日以晞之。与俎同意。􏿽，籀文从肉。"甲骨文的"昔"字：􏿽，构形是大水（"灾"字）与"日"字的组合，表达大水为患的日子已经是往昔的事情，我们知道晚商时代水患已不严重，所以才用来表达过去的日子。金文的"昔"字：􏿽，偶有以月替代日而误将月以为是腊肉的形象。

《说文解字》对"寝"字的解说："􏿽，卧也。从宀，侵声。􏿽，籀文寝省。"甲骨文的"寝"字：􏿽，以屋中常备有扫把加以清洁，用来表达寝室的意思，金文的"寝"字：􏿽，加上手（表示动作）与女（妇女的工作），原为表意字，后来才演变类似形声字。

《说文解字》对"陈"字的解说："􏿽，宛丘。舜后妫满之所封。从阜从木，申声。􏿽，古文陈。"敶字："􏿽，列也。从攴，陈声。"字原是敶，金文的"陈"字：􏿽，作在山阜上以手持棍棒敲打而填实袋与袋之间的空隙。这是为了防水患，以土袋筑成防御工事的实况。与申声无关，也与陈声无关。

陳（陈）

《说文解字》对"改"（yǐ）字的解说："改，殺改，大刚卯以逐鬼魅也。从攴，巳声。读若巳。"**甲骨文的字：**，表现对出生的畸形儿死胎，以切割或扑打以驱邪，以期下一胎可以生出正常婴儿的古代风俗。应该不是形声字。